Meine
französische
Landküche

Meine französische Landküche

Natürlich. Einfach. Genial.

TRISH DESEINE

Fotos von Deirdre Rooney

Originalausgabe »Trish's French Kitchen«
Erstveröffentlichung bei Kyle Cathie Limited,
London 2008
Text © 2008 Trish Deseine
Book Design © 2008 Kyle Cathie Limited
Photography © 2008 Deirdre Rooney

Deutschsprachige Ausgabe:
© 2009 vgs
verlegt durch EGMONT Verlagsgesellschaften mbH,
Gertrudenstr. 30-36, 50667 Köln
Alle Rechte vorbehalten

1. Auflage
Aus dem Englischen von Jacqueline Dubois
Umschlaggestaltung: Nicky Collings; ZERO Werbe-
agentur, München
Redaktion: Yvonne Tiedt
Lektorat und Satz: Ina Friedrich, Saarbrücken
Produktion: Susanne Beeh
Umschlagfotos: © Deirdre Rooney
Druck: Tien Wah Press, Singapur
ISBN 978-3-8025-3665-6

www.vgs.de

Inhalt

EINFÜHRUNG

Seit 20 Jahren lebe ich in Frankreich und so hatte ich das Glück, meine französischen Kochkünste in den wundervollen Küchen meiner drei Wohnorte entwickeln zu können. Meine Pariser Küche befindet sich im sechsten Stockwerk ohne Fahrstuhl, was eine äußerst sorgfältige Menüplanung und entsprechendes Einkaufen erforderlich macht – ich schreibe deshalb gern Listen. Das Haus liegt mitten in einem typisch geschäftigen Teil von Paris, und ich finde dort wirklich alles, was ich brauche – aber diese Treppen ... Meine Pariser Küche liegt sozusagen im Herzen der innovativen französischen Esskultur. Ununterbrochen eröffnen hier neue Restaurants und Geschäfte. Ich selbst bin hier experimentierfreudiger, suche ständig nach neuen Geschmackserlebnissen, bringe neue Ideen nach Hause, probiere neue Techniken und Kombinationen aus, und meine Freunde müssen dann als Versuchskaninchen herhalten ... In Paris bewahre ich meine *Verrines* auf, die kleinen Gläschen, die ich für individuelle Portionen benötige und die man überall in Restaurants und auf Cocktailpartys finden kann. Momentan gehört ein Rezept für *Verrines* mit einer Süßkartoffel-Krabben-Füllung zu meinen Favoriten. Mit meinen Freunden treffe ich mich am liebsten in meiner Küche zu ausgedehnten Abenden mit gutem Essen und guten Gesprächen. Ich gebe mir in Bezug auf die Dekorationen und die Präsentation viel Mühe, stelle Blumen auf den Tisch, benutze immer ein Tischtuch und ein paar hübsche Kerzen. So bewirte ich meine Gäste auf französische Art – im Kapitel RAFFINIERT finden Sie einige meiner bevorzugten Rezepte.

In Saint-Germain-en-Laye, einem grünen Vorort westlich von Paris, befindet sich meine Familienküche. Hier bereite ich an den Wochentagen schnelle, gesunde Mahlzeiten zu, und am Sonntag nehmen wir dort ganz gemütlich unser Mittagessen ein. Meine Kinder haben inzwischen ihr eigenes Leben, sodass eigentlich immer mindestens einer ihrer Freunde bei uns isst. In der Familienküche geht es nicht darum, zu beeindrucken, sondern auf nachhaltige und gesunde Weise dafür zu sorgen, dass alle satt und glücklich sind. Die Rezepte aus dem Kapitel SCHNELL sind dafür perfekt geeignet. Jedes Utensil hat in meiner Familienküche seinen angestammten Platz. Noch habe ich nicht den Herd meiner Träume – ob Sie es glauben oder nicht, ich koche auf einem Campingherd! –, aber dafür ist mein Ofen toll. In Saint-Germain gibt es nur einen Satz von allen Dingen, die ich benötige, und alles wird ständig benutzt. Die Küche ist das Herz des Hauses, so wie das Kochen das Herz des Lebens ist, und alles scheint sich darum zu drehen.

In Bonnevilliers schließlich, auf halber Strecke zwischen Paris und Rouen, befand sich meine wunderbare Landküche, in der ich lernte, die wichtigsten französischen Eintöpfe und Braten zuzubereiten, Kompott zu kochen, Salate zu machen und unzählige Obsttörtchen zu backen. Sie überblickte einen Innenhof und einen Kräutergarten. Sie hat mich dazu gebracht, dieses ganze Buch zu schreiben, und besonders in den Kapiteln LANGSAM und AUS DER SPEISEKAMMER drückt sich ihre große Vielfalt und ihre wunderbare Atmosphäre aus. Der herrliche große Ofen eignete sich stets hervorragend zum Backen und bot mir auch immer ausreichend Platz für mehrere Lammkeulen oder eine große Pute. Die Küche war ein heller, freundlicher Ort mit hellgelbem Boden und den schönsten Einbauschränken sowie Regalen mit Glas und Spiegeln. Nachdem wir das Haus gekauft hatten, ließen wir alles unverändert und fügten lediglich einen Herd und einen Hackklotz hinzu. Die Küche wurde sofort zum Mittelpunkt des Hauses, zu einer Art Familienzimmer, in dem sich alle versammelten. Hier schien die Zeit von jeher langsamer zu vergehen. Ihre Größe machte ein typisch französisches Festmahl problemlos möglich. Man hatte Platz, die Einkäufe für eine ganze Woche zu verstauen, inklusive der Zutaten für eine große Dinnerparty am Samstag. Wenn ich dort war, hatte ich immer das Gefühl des Überflusses; von allem schien reichlich vorhanden zu sein. Der „Fischauflauf à la Normandie" und der „Lothringische Eintopf" *(la Potée Lorraine)* sind meine Lieblingsrezepte aus jener Zeit.

Aber ganz egal, in welcher Küche ich mich aufhalte, im Grunde geht es immer darum, sich hinzusetzen und Zeit mit der Familie und mit Freunden zu verbringen. Das ist ein unerlässlicher Bestandteil der französischen Esskultur. Obwohl sich die französische Küche verändert und weiterentwickelt, bleiben die Liebe der Franzosen zum Essen und die Qualität ihrer Gerichte gleich. Sie sind sich all der Dinge bewusst, die in die Produktion unserer Lebensmittel fließen: die Luft, die Sonne und die Erde, die Höhe sowie die Ausrichtung des Landstrichs, aus dem ein Nahrungsmittel stammt. All das zusammen macht aus, was man in Frankreich *Terroir* nennt. *Terroir* ist das Wissen der Nahrungsmittelproduzenten, die Tradition des Namens eines Produktes und die Region, aus der es stammt. Kommt ein Produkt nur aus einer ganz bestimmten Gegend, so muss es geschützt werden. So darf z. B. echter Camembert nur aus dem Ort Camembert kommen. Zum Schutz dieser regionalen Spezialitäten wurde die *Appellation d'Origine Contrôlée* (AOC) ins Leben gerufen, ein Schutzsiegel, das von einem nationalen Institut kontrolliert wird und die Qualität, Echtheit und Regionalität eines Produkts schützt. Hühner aus Bresse, Muscheln aus Mont-Saint-Michel, Kastanien von der Ardèche, Walnüsse aus Grenoble, grüne Linsen aus Puy, Piment d'Espelette – die Liste ist schier unerschöpflich.

Will man heutzutage französisch kochen lernen, geht es eher um die richtige Einstellung als darum, eine Reihe von Anweisungen zu befolgen. Das war nicht immer so! Aber die Regeln sind heute nicht mehr so streng wie früher. Schaut man sich genauer an, was die französische Küche ausmacht, ist nicht mehr das Bild eines extrem aufwendigen, stilvollen Abendessens mit einer anspruchsvollen Menüfolge vorrangig. Es dreht sich eher um die Eigenschaften, um die Herkunft und um die Qualität dessen, was wir essen. Meine Generation kocht vielseitiger, als es frühere Generationen getan haben. Wir sind abenteuerlustiger und probieren gern neue Dinge aus, wir lassen uns nicht nur von unseren Vorfahren, sondern auch von ausländischen Kochkünsten inspirieren, und wir wenden das, was wir dabei lernen, in unserer eigenen Küche an.

Die Gerichte in diesem Buch folgen Stimmung und Begehren, nicht Geschichte und Geografie. Kapitel wie SCHNELL und LANGSAM spiegeln das Tempo des Lebens in unterschiedlichen Momenten wider. Manchmal diktiert dagegen auch der Anlass die Wahl der Speisen, wie im Kapitel RAFFINIERT. Im Kapitel ROH feiern wir die unglaubliche Vielfalt der Produkte auf minimalistische Weise, sodass die natürlichen Aromen im Mittelpunkt stehen. Die Rezepte im Kapitel SÜSS befriedigen unsere Lust auf Leckereien, und das Kapitel AUS DER SPEISEKAMMER beweist, dass es völlig in Ordnung ist, den großen Einkauf auf morgen zu verschieben. Meiner Ansicht nach ist dies die naheliegendste Art, Rezepte zu sortieren, eine Art, welche die Offenheit der Franzosen im Umgang mit den Nahrungsmitteln und ihre Kreativität beim Kochen widerspiegelt.

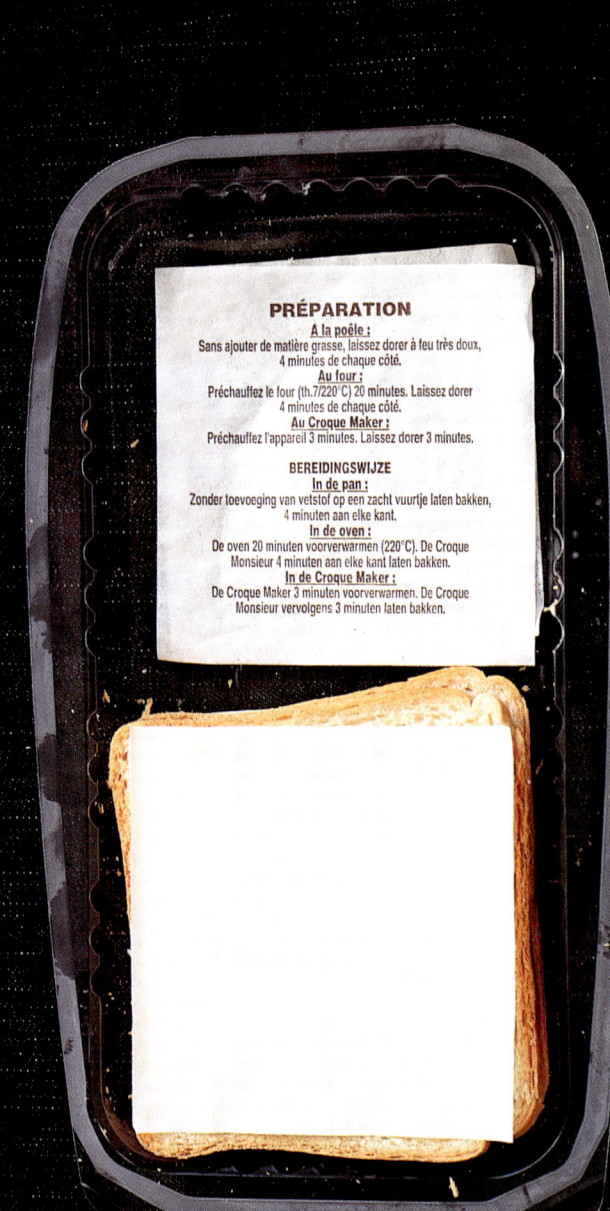

PRÉPARATION

<u>A la poêle :</u>
Sans ajouter de matière grasse, laissez dorer à feu très doux,
4 minutes de chaque côté.

<u>Au four :</u>
Préchauffez le four (th.7/220°C) 20 minutes. Laissez dorer
4 minutes de chaque côté.

<u>Au Croque Maker :</u>
Préchauffez l'appareil 3 minutes. Laissez dorer 3 minutes.

BEREIDINGSWIJZE

<u>In de pan :</u>
Zonder toevoeging van vetstof op een zacht vuurtje laten bakken,
4 minuten aan elke kant.

<u>In de oven :</u>
De oven 20 minuten voorverwarmen (220°C). De Croque
Monsieur 4 minuten aan elke kant laten bakken.

<u>In de Croque Maker :</u>
De Croque Maker 3 minuten voorverwarmen. De Croque
Monsieur vervolgens 3 minuten laten bakken.

Viele Rezepte in diesem Kapitel enthalten Gemüse, Obst und Fisch. Es sind Gerichte, die man auf die Schnelle zubereiten kann – wenn der Einkauf ein bisschen länger gedauert hat oder die Hausaufgaben der Kinder mehr Zeit in Anspruch genommen haben als geplant. Die Rezepte sind eine Mischung aus Dosenöffnen, schnell „zusammengeworfenen" und auch komplett selbst gekochten Speisen, bei denen sich die Schnelligkeit der Zubereitung nach einem anstrengenden Tag einfach anbietet.

Was die Ausrüstung betrifft, sind Sie mit einem Dampfkochtopf, einer schweren, gusseisernen Pfanne und einem guten Herd bestens bedient, um gesunde Gerichte rasch zuzubereiten. Für die Rezepte in diesem Kapitel brauchen Sie nur ein Minimum an Gerätschaften. Die meisten Speisen sind entweder im Handumdrehen fertig oder Sie können sie nach der Vorbereitung getrost dem Herd oder dem Kochfeld überlassen. Ich hoffe, „Fastfood" bedeutet für Sie nicht einfach, eine Fertigmahlzeit aus dem Gefrierschrank aufzutauen. Fertiggerichte sind in der französischen Küche nahezu unbekannt, es gibt nämlich immer eine bessere Alternative! Es kommt nur darauf an, geschickt einzukaufen. Kaufen Sie wöchentlich ein oder zwei grundlegende Dinge ein, z. B. köstliche Kirschtomaten, knackige Äpfel oder einen guten Käse – frische Sachen, die sich eine Weile halten und die sowohl als kleine Zwischenmahlzeit, als auch als gesunde Zutat zu einer Hauptmahlzeit gelten können.

Die Rezepte lassen sich auch wunderbar zusammen mit Freunden kochen und dienen keineswegs nur als Energieversorgung für den Alltag – viele können Sie getrost auch Ihren Gästen servieren. Die schnelle Zubereitung gibt Ihnen die Freiheit, Ihren Gästen mehr Zeit zu widmen, anstatt stundenlang in der Küche zu schuften.

Im Gegensatz zu den Rezepten im nächsten Kapitel LANGSAM, bei denen verschiedene Aromen vermischt werden und sich erst langsam, nach und nach entfalten, geht es hier um einen frischen, reinen Geschmack, der mit wenigen Zutaten erzielt wird. Die folgenden Rezepte fügen sich auch für alle die nahtlos in den Alltag ein, die keine Zeit haben, stundenlang einzukaufen und zu kochen. Sie sind meiner Ansicht nach die beste Möglichkeit, sich gesund zu ernähren, ohne das ganze Leben daraufhin ausrichten zu müssen.

SCHNELL

PILZ-SPINAT-SUPPE MIT KNOBLAUCHBROT

Zum ersten Mal aß ich Knoblauchbrot (und Knoblauch überhaupt) in einem italienischen Restaurant in Belfast. Ich war 14 Jahre alt und fand es großartig – ein lockeres, warmes Baguette mit viel Butter, das absolut nichts mit der original italienischen Bauernbruschetta, altbackenem Brot, das mit Knoblauch eingerieben und in Olivenöl ertränkt wird, zu tun hatte. Wie Chicken Tikka, eine weitere einheimische Erfindung eines ausländischen Gerichts, wurde Bruschetta zu einem beliebten und oft „misshandelten" Klassiker, der aus unerfindlichen Gründen als typisch französisch gilt.

Wundersamerweise lieben meine Kinder Spinat. Diese herzhafte Suppe, die sich dank des Babyspinats rasch zubereiten lässt, ist zudem die einzige Form, in der sie Pilze essen. Ich verstecke grundsätzlich niemals irgendwelche Zutaten in meinen Rezepten, sodass die Kinder von vornherein wussten, dass in der Suppe Pilze sind. Wie sich herausstellte, lag die Abneigung an der glitschigen Konsistenz der Pilze, nicht an deren Geschmack. Das Knoblauchbrot ist dagegen eine ganz und gar egoistische Beigabe meinerseits, die von meinen drei jüngeren Kindern rundweg abgelehnt wird. Sie sind zwar Halbfranzosen, aber roher Knoblauch ist ihnen doch noch zu scharf. Ich versuche es noch einmal, wenn sie 14 sind ...

4 Personen

25 g Butter
400 g Mischpilze (Waldpilze, gewaschen und geschnitten)
225 g Babyspinat (gewaschen)
1 l Hühnerbrühe
1 Bouquet garni
Salz und Pfeffer

FÜR DAS KNOBLAUCHBROT
150 g Butter (weich)
4 Knoblauchzehen (geschält, fein gehackt)
1 Handvoll Petersilie (grob gehackt)
1 Baguette

Die Butter in einem Topf schmelzen und die Pilze darin bräunen

Den Spinat hinzufügen, einmal umrühren und den Topf abdecken. Nachdem der Spinat weich ist, Hühnerbrühe hineingießen, Bouquet garni hinzufügen und das Ganze aufkochen lassen.

Sobald die Suppe 7–8 Minuten gekocht hat, damit die Pilze weich sind, die Kräuter wieder herausnehmen und die Suppe gut durchpürieren. Nun geht es ans Abschmecken!

Für das Knoblauchbrot den Ofen zuerst auf 160 °C (Gas Stufe 3) vorheizen.

Die Butter mit dem Knoblauch und der Petersilie mischen. Man kann die Zehen auch im Ganzen mit den restlichen Zutaten in einem Mixer verrühren.

Das Brot der Länge nach halbieren und beide Hälften mit der Knoblauchbutter bestreichen. Das Baguette in Alufolie wickeln und für etwa 15 Minuten in den Ofen legen.

Das heiße Brot mit der Suppe servieren.

CHICORÉE-BIER-SUPPE

Dieses Rezept ist ein gutes Beispiel für die Vermischung der belgischen und der französischen Küche. Die ersten Brasserien entstanden in Belgien. Sie waren ursprünglich Orte, an denen man sein Bier trank und nebenbei etwas zu essen serviert bekam. Heute sind sie in erster Linie Esslokale, die man überall in Belgien und Frankreich finden kann.

In dieser ungewöhnlichen Suppe finden zwei der berühmtesten belgischen Produkte zueinander. Chicorée ist nicht jedermanns Sache, und durch das Kochen wird seine Bitterkeit noch betont. Der Zucker ist bei diesem Rezept als Ausgleich also unerlässlich. Eine weitere Möglichkeit, die Geschmacksnuancen auszubalancieren, besteht darin, die Suppe zusammen mit Spekulatius zu servieren, die auch ursprünglich aus Belgien stammen.

2 Personen

25 g Butter
2 kleine Frühlingszwiebeln (geschält, fein gehackt)
4 Chicoréeköpfe (gewaschen, grob geschnitten)
300 ml Hühnerbrühe
150 ml dunkles belgisches Bier (oder ein anderes dunkles Bier)
1 EL brauner Zucker
2–3 EL Sahne
2 Scheiben Frühstücksspeck
Salz und schwarzer Pfeffer (frisch gemahlen)

Die Butter in einem Topf schmelzen und die Zwiebeln und den Chicorée darin anschwitzen, bis sie weich, aber nicht braun sind.

Nun die Brühe und das Bier hinzufügen, das Ganze einmal aufkochen und anschließend 20 Minuten auf kleiner Flamme köcheln lassen.

Den Topf vom Herd nehmen und die Suppe pürieren. Anschließend zuerst den Zucker und dann die Sahne hinzugeben.

In der Zwischenzeit den Speck knusprig braten.

Die Suppe mit Salz und Pfeffer abschmecken und die Speckstreifen hineinlegen.

EINFACHES CASSOULET

Cassoulet ist eigentlich ein Gericht, das man nur vor Ort in Toulouse, Castelnaudry oder Carcassone genießen und dabei die Traditionen und Bräuche würdigen sollte. Es gibt viele unterschiedliche Versionen dieses Gerichts, dessen Name sich von dem *Cassolo* oder Tontopf ableitet, in dem es früher zubereitet wurde. Allen Variationen gemein sind die Grundzutaten: weiße Bohnen und unterschiedliche Kombinationen aus Wurst, Enten- und Gänseconfit (in Fett eingekochtes Fleisch), gebratenem Hammelfleisch, Schweinefleisch und manchmal sogar Rebhuhn.

So gern ich Cassoulet auch bei anderen Leuten esse, bin ich kein großer Freund davon, dieses überaus traditionelle, arbeitsaufwendige, in der Zubereitung zwei Tage dauernde Gericht selbst zu kochen. Außerdem habe ich noch nie ein echtes Cassouletrezept gesehen, das weniger als zwei Seiten lang war. Ich kürze die Sache gern ein wenig ab. Das ist ohne Weiteres möglich, denn viele der Zutaten erhält man bereits in vorbereiteter Form – Sie sollten aber unbedingt darauf achten, französische Produkte zu kaufen!

4 Personen

150 g Speckwürfel
2 Saucisses de Toulouse (Bratwurst aus Toulouse)
1 Zwiebel (geschält, fein gehackt)
1 Lauchstange (fein geschnitten)
Olivenöl (wahlweise)
750 g französische weiße Bohnen (Haricots blancs, Haricots tarbais oder Lingots) in Tomatensauce
3 eingelegte Entenkeulen (Confit de canard)

Eine schwere Bratpfanne erhitzen. Die Speckwürfel hineingeben und leicht anbraten. Anschließend die Bratwürste hinzufügen und braten, bis sie gar sind.

In derselben Pfanne nun die Zwiebeln und den Lauch anschwitzen. Falls nötig, dafür etwas Öl verwenden.

Die Bohnen hinzugeben und das Ganze leicht zum Köcheln bringen.

In einer separaten Pfanne nun die Entenkeulen (mit dem Fett) erhitzen. Sind die Keulen warm, das Fett abgießen und die Keulen zu der Bohnenmischung hinzugeben.

Zuletzt das Ganze in einen Tontopf füllen und umgehend servieren. Will man ganz traditionell vorgehen, kann der Tontopf auch noch bei 180 °C (Gas Stufe 4) in den Ofen gestellt werden, bis sich die berühmte goldene Kruste gebildet hat.

KORSISCHE WURSTWAREN

Korsische Wurstwaren wie Coppa, Lonzu oder Figatellu sind in meiner Speisekammer immer zu finden. Sie gehören zu meinen liebsten Zutaten, wenn es darum geht, eine rasche Mahlzeit zuzubereiten. Dünne Scheiben der dunklen, saftigen Figatellu eignen sich mit einem Glas Rotwein hervorragend als kleine Vorspeise für hungrige Gäste. Meine Kinder lieben sie auch auf Brot. Hellrosafarbene, hauchdünne Lonzuscheiben passen bestens zu Sommerfrüchten wie Melone, Aprikosen oder Pfirsichen, machen sich aber auch – anstelle von Schinken – gut als Belag auf Hawaiitoast. Die äußerst schmackhafte Coppa ist in den letzten Jahren sehr beliebt geworden. Bei uns zu Hause ersetzt sie inzwischen immer den Schinken beim Raclette. Die kleinen, runden Scheiben haben gerade die richtige Größe für den geschmolzenen Käse, und meine Kinder „basteln" aus Coppa, Käse und Kartoffelscheiben mit Vorliebe essbare Skulpturen. Ich habe weder genug Mut noch ausreichend Platz für eine Fleischschneidemaschine, aber wenn man einmal den Unterschied zwischen abgepackter Ware und frisch aufgeschnittener Wurst gekostet hat, ist das schon verlockend.

Die Landwirtschaft ist auf Korsika nach wie vor eine sehr rustikale Angelegenheit. Die meisten der 60.000 „Hausschweine" auf der Insel sind in Wahrheit halbwild und suchen sich den größten Teil des Jahres über selbst ihr Futter. Zusammen mit Ziegen und Schafen (und Korsen) sind sie echte Verkehrshindernisse, während sie über diese wunderbar wilde Insel streifen. In den Wäldern ernähren sie sich vorwiegend von Kastanien, die hier einst zu den Grundnahrungsmitteln gehörten, sowie von Eicheln und den Pflanzen des *Maquis* – eines dichten, immergrünen Buschwaldes aus Pflanzen wie Myrte, Lavendel, Rosmarin und Thymian. Diese Diät verleiht dem Schweinefleisch seinen einzigartigen Geschmack nach Nüssen, Zucker und Kräutern und macht die Wurst auch schärfer als im übrigen Frankreich. Kein Wunder also, dass die korsischen Wurstwaren weltberühmt sind. Glücklicherweise fahren viele meiner Freunde nach Korsika in den Urlaub und bringen mir als Souvenir Wurstwaren aller Art mit.

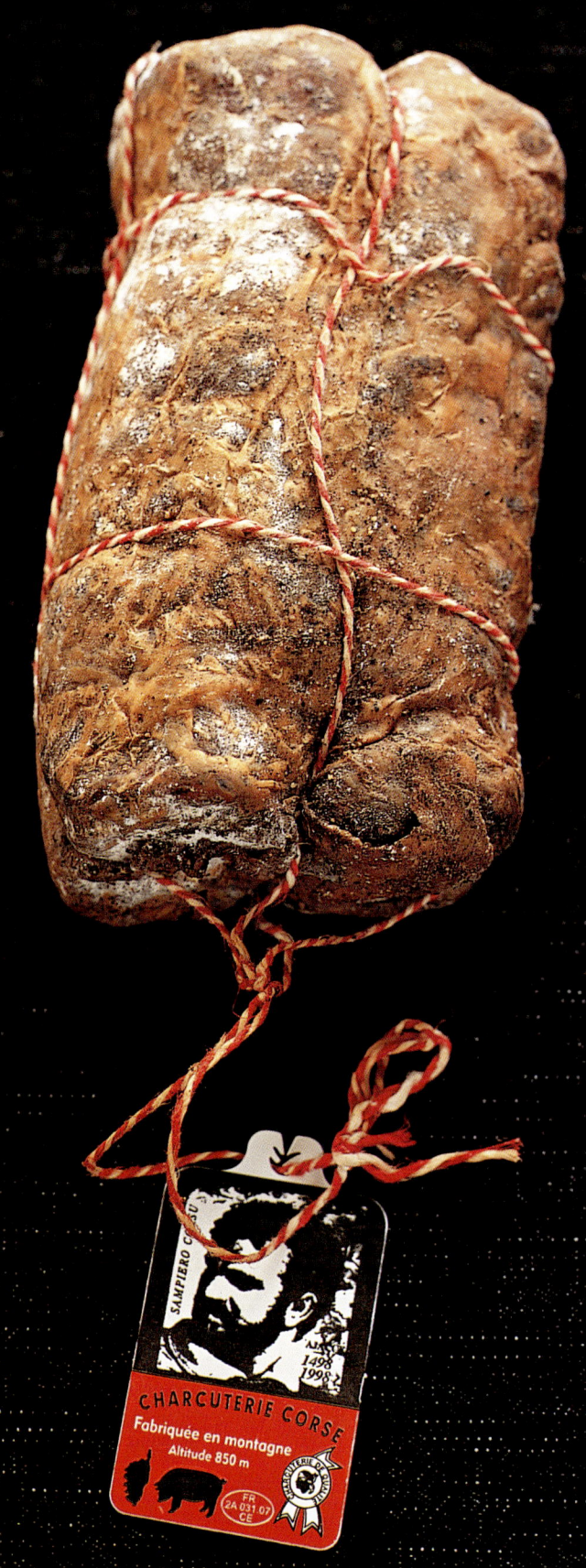

MAKRELE MIT PISTAZIENPESTO

Makrele wird in Frankreich nicht so gern gegessen. Sie gilt als minderwertiger Fisch, der zu stark riecht, um zu Hause gegart zu werden. Meine Kinder hingegen lieben sie, und man erhält sie problemlos und preiswert, deshalb kommt Makrele bei uns häufig auf den Tisch. Makrelen sind saftig, schmackhaft und lassen sich wunderbar im Ganzen zubereiten. Außerdem ist das Argument der „Nahrung für das Gehirn" auch nicht zu vernachlässigen. Stellen Sie sich einmal vor, Sie bringen am nächsten Tag bessere Leistungen – nur aufgrund Ihres Mittagessens! Da ich kein großer Grillmeister bin, backe ich meine Fische meist im Ofen oder brate sie in einer Grillpfanne, aber natürlich heben die Flammen und der Rauch den feinen Geschmack des Fisches zusätzlich hervor. Als Beilage gibt es bei uns normalerweise Kartoffeln oder einen klassischen Kartoffelsalat. Ein Pesto (oder alternativ eine fruchtige oder feurige Salsa), die dem Fisch den letzten Pfiff geben, dürfen natürlich nicht fehlen. Pistazien haben keinen starken Eigengeschmack, deshalb brauchen Sie für dieses Rezept nur wenig Knoblauch. Statt des traditionellen Basilikums verwende ich für das Pesto lieber Limonenschale und -saft, damit es ein bisschen spritziger wird.

4 Personen

4 mittelgroße Makrelen (ganz, ausgenommen)
Salz
Saft und Schale von 2 unbehandelten Limonen
1 Limone (in Spalten geschnitten)
5–6 EL Pistazien (ohne Schale, auch gesalzen möglich)
1 kleine Knoblauchzehe, geschält
Pistazienöl
Olivenöl
Schwarzer Pfeffer (frisch gemahlen)

Den Ofen auf 180 °C (Gas Stufe 4) vorheizen.

Die Makrelen in eine große Auflaufform legen. Die Fische mit etwas Salz bestreuen und etwa die Hälfte des Limonensafts darübergießen. Anschließend die Limonenspalten in die Bauchhöhlen der Fische stecken.

Die Makrelen etwa 10–12 Minuten backen, bis die Haut schön kross ist und sich das Fleisch leicht von der Mittelgräte lösen lässt. Alternativ kann man die Fische in einer Grillpfanne anbraten.

Die Pistazien zusammen mit dem Knoblauch, der Limonenschale, dem restlichen Saft und je 1 Spritzer Pistazien- und Olivenöl mit dem Mixer zu einem glatten Brei verrühren. Falls der Brei zu dick wird, etwas mehr Öl hinzufügen.

Das Pesto mit Salz und Pfeffer abschmecken und zu den gebackenen Makrelen servieren.

WOLFSBARSCH MIT FENCHEL

Wenn Sie in Ihrem Garten selbst Fenchel ziehen, können Sie damit im Spätsommer gegrilltem Fisch ein wunderbares Aroma verleihen. Der Fisch wird über Holzkohle auf einem Bett aus getrockneten Fenchelstängeln gegrillt. Statt Wolfsbarsch können Sie auch Schnapper oder Meerbarben verwenden.

4 Personen

2 Wolfsbarsche à 500–600 g (entschuppt, ausgenommen)
1/2 EL Fenchelsamen
1 große oder 2 kleine Zitrone(n) (in Spalten)
Salz und schwarzer Pfeffer (frisch gemahlen)
Einige Handvoll frische oder getrocknete Fenchelstängel

Den Grill vorbereiten und die Bauchhöhle der Barsche mit Fenchelsamen und Zitronenspalten füllen. Einige Fenchelsamen über die Fische streuen. Anschließend mit Salz und Pfeffer würzen.

Zuerst die Fenchelstängel auf den Grillrost und darauf dann die Fische legen. Die Barsche auf jeder Seite etwa 8–10 Minuten grillen.

GESCHMORTER SEETEUFEL MIT KNOBLAUCH

Die Mitglieder der Seeteufelfamilie sehen alle ziemlich gruselig aus. Sie scheinen nur aus riesigen, klaffenden Mäulern zu bestehen, die an einem muskulösen Schwanz befestigt sind. Die einzigen essbaren Teile sind der Schwanz sowie die Leber und bei einigen größeren Exemplaren auch die Bäckchen. Das Fleisch ist fest und süßlich – tatsächlich schmeckt es ähnlich wie Hummer – und hat so gut wie keine Gräten. Die Franzosen nennen den Fisch *Lotte*, *Baudroie* und manchmal auch, dank der Fleischigkeit und der Form des Schwanzes, *Gigot de Mer*, „Keule des Meereslammes".

Seeteufel ist ein robuster Fisch, der sich vielseitig zubereiten lässt. Man kann ihn z. B. in Würfel schneiden und mit Tomaten, Chili und Pepperoni langsam in Wein oder in Currysauce köcheln. Er eignet sich auch gut für kalte Terrinen, zusammen mit Fischen, die anders schmecken und eine andere Konsistenz haben, z. B. Lachs und Scholle. Meine liebste (und zugleich auch schnellste und einfachste) Zubereitungsart ist, den ganzen Schwanz mit Knoblauch und Butter in einem Schmortopf zu schmoren.

4 Personen

1 Seeteufelschwanz (im Ganzen, ca. 500–600 g)
3 Knoblauchzehen (geschält, halbiert)
80 g Butter
Salz und schwarzer Pfeffer (frisch gemahlen)
2 EL Weißweinessig

Den Ofen auf 220 °C (Gas Stufe 7) vorheizen.

Den Fisch rundherum mit Knoblauch einreiben.

Die Butter in einem Schmortopf erhitzen (eine Auflaufform mit Deckel kann auch dazu verwendet werden), den Knoblauch hinzufügen und den Fisch darin anbräunen. Nun das Ganze abschmecken, den Topf zudecken und für etwa 5 Minuten in den Ofen stellen.

Den Topf wieder herausnehmen, den Essig hinzugeben und das Ganze mit einem Holzlöffel umrühren. Dann den Topf wieder zudecken und den Fisch weitere 3–4 Minuten schmoren. Der Seeteufel ist gar, wenn das Fleisch nicht mehr durchsichtig ist und sich leicht vom Knorpel lösen lässt.

Den Fisch mit grünem Gemüse oder grünen Bohnen (siehe Rezept S. 35) servieren.

SPARGELRISOTTO

Dieses Rezept ist zwar im Hinblick auf die Kochzeit schnell, aber Risotto muss man seine ungeteilte Aufmerksamkeit schenken (und nicht nebenher fünf andere Dinge tun), damit er wirklich gelingt. Es ist jedoch ein wunderbares Rezept, mit dem man das feine Aroma frischen grünen Spargels in den Mittelpunkt rücken kann. Mischen Sie den Spargel mit Erbsen, dicken Bohnen und frischen Kräutern, und schon haben Sie ein wahres Frühlingsfestmahl!

4 Personen

10–12 Stangen grüner Spargel
Salz
1,5 l Hühner- oder Gemüsebrühe
1 große Zwiebel (geschält, fein gehackt)
2 EL Olivenöl
250 g Rundkorn- bzw. Risottoreis (am besten Arborio)
1 kleines Glas Weißwein
100 g frischer Parmesan
2–3 EL Mascarpone
Schwarzer Pfeffer (frisch gemahlen)

Die holzigen Enden des Spargels abschneiden und ihn in Salzwasser kochen. Gleichzeitig die Brühe aufkochen und anschließend bei kleiner Hitze weiterköcheln lassen.

Nun die Zwiebel in einer Pfanne im Olivenöl anschwitzen, bis sie weich ist.

Den Reis hinzugeben und das Ganze unter Rühren etwa 3 Minuten anbraten, bis die Reiskörner halb glasig sind. Anschließend mit dem Wein ablöschen, gut umrühren und einige Minuten warten, bis die Flüssigkeit fast verkocht ist. Dann Kelle für Kelle die Brühe hinzugeben, die langsam vom Reis aufgenommen wird. Die Mischung dabei ständig umrühren! Der Reis sollte niemals in Brühe schwimmen, zu trocken werden oder gar anbrennen.

Nach etwa 8–10 Minuten den Spargel abgießen. Die Stangen sollten noch schön fest sein. Die Spitzen abschneiden und die Stangen in Scheiben schneiden. Den Spargel unter Folie warm halten.

Der Risotto ist fertig, wenn der Reis weich, aber im Inneren noch ganz leicht bissfest ist (es kann sein, dass nicht die ganze Brühe benötigt wird). Das Ganze sollte glatt, dick und cremig sein.

Ein Risotto kann nie zu cremig sein, und hier kommt der Käse ins Spiel. Den Großteil des Parmesans reiben und zusammen mit dem Mascarpone vorsichtig unter den Reis rühren. Anschließend den Spargel hinzufügen und wieder vorsichtig umrühren. Die Mischung mit Salz und Pfeffer abschmecken und den Risotto mit etwas frisch geriebenem Parmesan servieren.

PASTA MIT MASCARPONE, PARMESAN & ZITRONENSCHALE

Dies ist eine weitere rasche Mahlzeit, ideal, wenn man mit anderen Dingen beschäftigt ist und nicht viel Zeit zum Kochen hat. Die Zitronenschale verleiht der cremigen Pasta den besonderen Pfiff und sieht zudem hübsch aus.

2 Personen

Einige Handvoll frische Pasta (Tagliatelle oder Spaghetti sind perfekt)
2 EL Mascarpone
2 EL Parmesan (frisch gerieben)
Schale von 1 Zitrone (abgerieben)
Fleur de Sel und schwarzer Pfeffer (frisch gemahlen)

Die Pasta bissfest kochen und anschließend abgießen.

Beide Käsesorten und die Zitronenschale hinzugeben und das Ganze gut durchrühren.

Die Nudeln vor dem Servieren mit Fleur de Sel und Pfeffer abschmecken.

GNOCCHI MIT SALBEIBUTTER, ZITRONE & PINIENKERNEN

Vergeben Sie mir, dass ich in diesem Buch auf einer Mission für Zitrusfrüchte bin, aber der frische Geschmack von Zitronen, Limonen und Orangen beschwört für mich einfach Frühling und Sommer herauf. In meiner Küche steht immer eine Schale mit Zitrusfrüchten, und ihre abgeriebene Schale einem Gericht hinzuzufügen, ist für mich inzwischen fast selbstverständlicher geworden, als es zu salzen. Das hat natürlich auch viel mit meiner unglaublich guten High-Tech-Reibe zu tun. Sie gehört heute zu meinem „Notfallkoffer", den ich überallhin mitnehme, wo ich vielleicht zum Kochen aufgefordert werden könnte.

4 Personen

150 g Butter
1 Handvoll frische Salbeiblätter
600 g frische Gnocchi
Salz
Schale von 1 Zitrone (abgerieben)
2–3 Handvoll Pinienkerne (geröstet)
Schwarzer Pfeffer, frisch gemahlen

Die Butter in einer kleinen Pfanne erhitzen. Sobald sie anfängt zu brutzeln, die Salbeiblätter hineingeben. Die Pfanne vom Herd nehmen und den Salbei in der Butter ziehen lassen.

Die Gnocchi in einem großen Topf mit Salzwasser kochen und sie herausheben, sobald sie an die Oberfläche steigen.

Salbeiblätter, Butter (vielleicht nicht die ganze Butter – ich verwende gerne sehr viel, damit sie die Blätter schön durchzieht) und Zitronenschale unter die warmen Gnocchi rühren.

Zum Schluss die Pinienkerne hinzufügen und das Ganze mit Salz und Pfeffer abschmecken.

OMELETTE MIT KIRSCH-TOMATEN, SHIITAKEPILZEN & RINGELBLUMEN

Das Wort französische „Omelette" stammt von dem französischen Begriff *lamelle* (dünner Streifen, bezogen auf seine flache Form) ab. Nach und nach wurde daraus erst *alumette* und später *amelette*. Obwohl die Franzosen das Omelett als eine ihrer großen kulinarischen Kreationen für sich beanspruchen, hat jeder eine eigene Meinung dazu, eine Kritik oder einen todsicheren Tipp. Die bekannte amerikanische Kochbuchautorin Julia Child nahm das so ernst, dass sie tatsächlich eine Spezialpfanne nur zum Omelettbraten besaß. Im Grunde genommen sind Omeletts schnelle Mahlzeiten – manchmal dauert die Zubereitung nur 30 Sekunden –, aber das ganze Getue drumherum, der Wettstreit um das beste Omelett, geht mir auf die Nerven. Für jemanden ein Omelett zuzubereiten ist eine sehr persönliche Sache, aber ich bin der Ansicht, solange es in der Mitte weich und „fluffig" und trotzdem heiß genug ist, dass der Käse schmilzt, und solange es außen nicht verbrannt ist, darf man sich ruhig auf die Schulter klopfen.

Falls Sie dieses Omelett zubereiten möchten, gerade aber keine Ringelblumenblüten zur Hand haben, machen Sie sich keine Sorgen. Ich habe sie lediglich nach einem Streifzug durch den Garten hinzugefügt. Falls Sie andererseits zufällig über ein paar Ringelblumenblüten stolpern, inspiriert Sie das ja vielleicht dazu, dieses Gericht zu kochen. Über Tomaten gestreut sehen Ringelblumenblüten sehr hübsch aus und sie verleihen dem Gericht eine leicht pfeffrige Note.

2 Personen

200 g Shiitake- oder Austernpilze
Olivenöl
6 Eier
50 ml Milch
Salz und schwarzer Pfeffer (frisch gemahlen)
6 rote Kirschtomaten (halbiert)
6 gelbe Kirschtomaten (halbiert)
Käse (wahlweise)
Ringelblumenblüten aus dem Garten

Die Pilze in dem Olivenöl anbraten, anschließend abtropfen lassen und warm stellen.

Die Eier und die Milch mit einem Schneebesen verrühren und das Ganze mit Salz und Pfeffer abschmecken.

In einer zweiten Pfanne noch einmal etwas Olivenöl erhitzen, bis es sehr heiß ist. Nun die Eiermilch hineingießen.

Sobald die Eimischung fast ganz gestockt ist, die rohen Tomaten und die Pilze hinzufügen. Wenn Sie mögen, können Sie nun auch etwas Käse darübergeben.

Die Blütenblätter über das Omelette streuen und es sofort servieren.

FLAMMKUCHEN (TARTE FLAMBÉE)

Nein, dies ist keine Tarte, die man in Grand Marnier tränkt und dann flambiert, sondern eher eine dünne, elsässische Pizza. Der Flambée-Teil des Namens stammt von der alten Zubereitungsart, bei welcher der Kuchen noch auf Kohlen gebacken wurde und das Fett des Specks öfter einmal in Flammen aufging. Sie können einen eigenen Teig herstellen oder auch fertigen Blätterteig verwenden. Idealerweise nehmen Sie aber fertigen Pizzateig, den Sie noch ein wenig mehr ausrollen können, damit er schön dünn und knusprig wird. Wenn Ihnen danach ist, verzieren Sie doch einmal den Rand des Bodens mit einem Zopfmuster.

Vielleicht kommt es Ihnen zu viel vor, aber als Hauptmahlzeit sollten Sie pro Person einen Flammkuchen servieren – mit jedem Bissen wollen Ihre Gäste sowieso mehr! Ich erinnere mich noch genau an den armen Koch eines kleinen Gasthauses im Elsass, der mit unserer ausgehungerten Meute nach einer ausgelassenen Party alle Hände voll zu tun hatte.

Pro Person

2 mittelgroße, süße Zwiebeln (geschält)
2 EL Öl
6–8 EL Crème fraîche
Schwarzer Pfeffer (frisch gemahlen)
1 Pizzaboden (fertig)
150 g Speckwürfel

Den Ofen auf 200 °C (Gas Stufe 6) vorheizen.

Die Zwiebeln in dünne Ringe schneiden und in Öl anschwitzen, bis sie weich sind. Die Crème fraîche hinzugeben, gut umrühren und das Ganze mit Pfeffer abschmecken.

Die Mischung auf dem Pizzaboden verteilen, die Speckwürfel gleichmäßig darüberstreuen und den Flammkuchen 10–15 Minuten im Ofen backen, bis der Speck brutzelt, die Crème fraîche Blasen wirft und der Teigrand goldbraun ist.

Je nach Geschmack können Sie als Beilage Salat servieren. Flammkuchen schmeckt am besten, wenn er ganz heiß ist.

CROISSANTS MIT SENF, GRUYÈRE & ZITRONE

Bei uns zu Hause verwenden wir für dieses Rezept oft die Croissants, die vom Sonntagsfrühstück übrig geblieben sind. Das Ganze ist am Sonntagabend eine beliebte Alternative zu dem üblichen Rührei und heitert sogar meine Kinder wieder auf, für die dies immer der trübseligste Abend der Woche ist. Hier zahlt es sich aus, guten, körnigen Senf und Käse, der leicht verläuft, im Kühlschrank zu haben.

6 Personen

6 altbackene Croissants
25 g Butter
25 g Mehl
200 ml Vollmilch
75 g Gruyère-Käse (gerieben, etwas zum Bestreuen der Croissants aufheben)
1 EL körniger Senf
Schale von 1 Zitrone (abgerieben)
Salz und schwarzer Pfeffer (frisch gemahlen)

Den Ofen auf 200 °C (Gas Stufe 6) vorheizen.

Die Croissants der Länge nach halbieren und die Innenseiten toasten.

Die Butter in einem kleinen Topf schmelzen, vom Herd nehmen und das Mehl unterrühren, sodass eine Einbrenne entsteht. Die Einbrenne für ein paar Minuten wieder auf den Herd stellen. Nicht vergessen, dabei ständig umzurühren! Die Milch hinzugeben, die Mischung mit einem Schneebesen glattschlagen und das Ganze anschließend kurz aufkochen lassen.

Sobald die Sauce schön dick ist, den Gruyère, den Senf und die Zitronenschale hinzufügen und alles mit Salz und Pfeffer würzen.

Die Mischung auf den unteren Croissanthälften verteilen und die oberen Hälften auflegen. Nun die Croissants mit dem restlichen Käse bestreuen und überbacken, bis der Käse geschmolzen ist.

RACLETTE-BAGUETTE

Dies ist bei uns eine beliebte Zwischenmahlzeit, vor allem, wenn wir keine Zeit für ein richtiges Raclette haben. Das Baguette eignet sich auch gut, um die Reste eines Raclettes zu verbrauchen.

4 Personen

2 frische Baguettes
Olivenöl
8 Scheiben gekochter Schinken
200 g Raclettekäse (in Scheiben)

Den Ofengrill vorheizen und die Baguettes der Länge nach halbieren. Nun etwas Olivenöl auf die Schnittflächen träufeln. Anschließend den Schinken und den Käse darauflegen. Die Baguettehälften auf einem Backblech unter den Grill legen, bis der Käse Blasen wirft.

Das Raclette-Baguette mit Gewürzgurken und grünem Salat servieren.

LORBEER-ESSIG-ZWIEBELN

Mit diesem Rezept stellt man eine einfache, aber sehr aromatische Beilage für gegrillte Sardinen oder für jeden anderen gegrillten Fisch her. Verwenden Sie, wenn möglich, Roscoff-Zwiebeln aus der Bretagne. Sie werden im August geerntet und halten sich sehr lange. Diese Sorte besitzt eine hübsche rosa Farbe und schmeckt milder und süßer als andere Zwiebeln.

4 Personen

70 ml Olivenöl
2 Roscoff-Zwiebeln oder rote Zwiebeln (geschält, in dünnen Ringen)
2 Lorbeerblätter
4 EL Weißweinessig
Salz und schwarzer Pfeffer (frisch gemahlen)
8 Sardinen

Das Olivenöl in einer Pfanne erhitzen und die Zwiebeln darin etwa 5 Minuten anbraten. Die Pfanne vom Herd nehmen, die Lorbeerblätter und den Essig hinzufügen, das Ganze mit Salz und Pfeffer abschmecken und etwas abkühlen lassen.

Die Mischung warm auf gegrillten Sardinen servieren.

GRÜNE BOHNEN MIT ANCHOVIS & OLIVEN

Die grünen Bohnen eignen sich gut als Vorspeise oder als Beilage zu gegrilltem Steak oder Fisch. Sie schmecken sowohl warm als auch kalt prima.

4 Personen

500 g junge grüne Bohnen
Salz
Olivenöl
8–10 Anchovisfilets (abgespült, abgetrocknet und fein geschnitten)
1 gehäufter EL Kapern
100 g schwarze Oliven (entsteint, grob gehackt)
Saft und Schale von 1 Zitrone

Die grünen Bohnen waschen, putzen und von den Stielansätzen befreien. Dann in Salzwasser weich kochen oder im Dampfgarer garen und in Olivenöl schwenken.

Anchovis mit Kapern, Oliven, Zitronensaft und Schale vermengen. Die Mischung anschließend unter die grünen Bohnen geben.

TOMATES À LA PROVENÇALE

In vielen französischen Brasserien sind diese Tomaten die Standardbeilage, die zu allem – vom Steak bis zur Scholle Müllerin Art – serviert wird. Unvermeidlicherweise wird dabei der ganze Teller in Tomatensaft getränkt, und für den Geschmack tragen die Tomaten nichts Nennenswertes bei. Ich esse sie lieber *telles quelles* – so, wie sie sind – als Vorspeise oder als separates vegetarisches Gericht, aber nur, wenn ich gerade frische Petersilie und Thymian zur Hand habe. Getrocknete Gewürze sind für den schlechten Ruf dieses (und anderer) Gerichte mit verantwortlich.

8 Personen

2–3 Scheiben Zwieback oder 4–5 EL Semmelbrösel
4 EL glatte Petersilie (fein gehackt)
2 Knoblauchzehen (geschält, sehr fein gehackt)
Salz und schwarzer Pfeffer (frisch gemahlen)
8 mittelgroße Tomaten
Olivenöl
1 EL frischer Thymian

Den Ofen auf 200 °C (Gas Stufe 6) vorheizen.

Den Zwieback zerkrümeln und ihn (oder die Semmelbrösel) mit der Petersilie und dem Knoblauch vermischen. Die Mischung mit Salz und Pfeffer abschmecken.

Die Tomaten halbieren und mit der Schnittfläche nach unten 4–5 Minuten in Olivenöl anbraten. Sobald sie leicht gebräunt sind, die Tomatenhälften eng nebeneinander in eine Auflaufform legen und zuerst gleichmäßig mit der Semmelbröselmischung und dann mit dem Thymian bestreuen.

Das Ganze etwa 15 Minuten backen, bis die Semmelbrösel schön goldbraun sind.

CAMEMBERT

Bei uns zu Hause lieben alle Camembert, und ist welcher da, hält er sich nie lang. Meine Kinder nehmen sogar einzeln eingepackte Camembertdreiecke in ihrer Brotdose mit zur Schule. Für mich ist Camembert der Inbegriff des kulinarischen Frankreichs, und die Tatsache, dass sogar meine Kinder ihn lieben, zeigt, dass sie die französische Esskultur voll und ganz angenommen haben.

Da Camembert in meiner Küche so schnell verschwindet, habe ich nur selten die Gelegenheit, ihn in den verschiedenen Reifegraden zu probieren, obwohl das wirklich großartig ist. Am liebsten serviere ich ihn gebacken und halb geschmolzen als Vorspeise oder umhüllt von Karamell, Nüssen und Trockenfrüchten. Meine französischen Freunde sehen das oft stirnrunzelnd mit an – schließlich ist der Camembert eines der wichtigsten Symbole der französischen Identität. Als nationales Wahrzeichen wird er mit Zähnen und Klauen verteidigt, und wehe, man treibt Schindluder damit! „Akzeptabler" ist es, den Camembert auf einer Käseplatte zu servieren, wobei man ein Dreieck herausschneidet und es oben auf den Käselaib legt. So können sich die Gäste vom Reifegrad überzeugen und entscheiden, ob sie ihn probieren wollen.

Weichkäse dieser Art wird heute weltweit produziert, aber der echte Camembert wird nur in der Normandie hergestellt. In seiner besten Qualität besteht er aus unpasteurisierter Milch, die mit einem speziellen Schöpflöffel in die Formen gegossen wird. Anschließend wird eine Schimmelpilzkultur hinzugegeben, die für die Bildung der wunderbar flaumigen Rinde sorgt.

Lustigerweise ist Camembert eines der wenigen Produkte, das man ohne schlechtes Gewissen drücken darf. So kann man feststellen, wie reif der Käse ist. Falls Sie sich nicht sicher sind, sollten Sie den Fachmann an der Käsetheke befragen.

GEBACKENE ÄPFEL MIT CAMEMBERT

Wenn Sie es eilig haben, können Sie auf den Haselnussüberzug verzichten und die Äpfel einfach so backen. Achten Sie aber darauf, den Ofen richtig vorzuheizen, damit die Äpfel schön weich werden.

4 Personen

4 große Äpfel
80 g Butter (geschmolzen)
5–6 EL Haselnüsse (gehackt)
1 Camembert

Den Ofen auf 200 °C (Gas Stufe 6) vorheizen.

Die Äpfel schälen und an der Stielseite eine dünne Scheibe ab-schneiden, damit sie gerade stehen. Nun das Kerngehäuse ent-fernen. Darauf achten, dass der Boden dabei intakt bleibt, sonst läuft der Käse beim Backen aus.

Nun die Äpfel mit der geschmolzenen Butter bestreichen und anschließend in den gehackten Haselnüssen wälzen. Die Nuss-splitter gut andrücken.

Zuletzt den Camembert in Stücke schneiden – mit oder ohne Rinde, je nach Vorliebe – und die Stücke in die ausgehöhlten Äpfel füllen. Dann die Äpfel auf ein Backblech stellen und etwa 15 Minuten backen. Die Äpfel sollten schön weich und der Käse zerlaufen sein.

Das Ganze mit einem knackigen Salat servieren.

Die Rezepte in diesem Kapitel folgen eher einer Stimmung als einer langen Liste mit Anweisungen oder einer ewigen Vorbereitungszeit. Dazu gehören Gerichte, die man kochen würden, wenn man den Nachmittag, einen ganzen Tag oder gar das ganze Wochenende Zeit hat. Es gehören aber auch Rezepte dazu, bei denen eine bestimmte Zutat im Mittelpunkt steht und ein bisschen mehr Aufmerksamkeit erhält als normalerweise üblich. Bei diesen Rezepten ist der Zeitfaktor oft genauso wichtig wie die essbaren Zutaten, und die verwendeten Techniken spiegeln dies wider. Einige Gerichte werden mariniert, andere müssen ruhen, und wieder andere werden ganz langsam gegart oder gebacken, sodass jede Zutat Zeit und Raum hat, auch noch das letzte Atom ihres Aromas freizusetzen und sich mit den anderen Aromen langsam und vollständig zu verbinden.

Gleichzeitig sind die Rezepte aber auch sehr flexibel. Die Zutaten können nach Bedarf angepasst werden, solange man sich an die Grundlagen des Rezepts hält. Auf diese Weise haben sich viele der Gerichte im Lauf der Jahrhunderte in Frankreich entwickelt – in jeder Region wird der klassische Eintopf oder Braten mit dem zubereitet, was dort gerade Saison hat und problemlos zu finden ist. Ein Gericht wie *La Potée*, den klassisch-ländlichen Eintopf, gibt es deshalb in über zwölf Varianten im ganzen Land. Die Rezeptgrundlagen sind überall gleich: eine Mischung aus rohem und geräuchertem Schweinefleisch, das mit Kohl gekocht wird. Hinzugefügt werden Gewürze, Gemüsesorten, Rind- und Kalbfleisch sowie Geflügel, je nachdem, was das jeweilige *Terroir* hergibt.

In diesem Kapitel kommen die Ideale der Slow-Food-Bewegung zum Tragen, in Rezepten, bei denen man die Traditionen und die Kultur der Gegend, aus der ein Gericht stammt, herausschmecken kann. Es sind Gerichte, die man bei Familienfeiern und Dorffesten serviert, wo alle bei der Zubereitung mit anpacken und sich gemeinsam auf die kommende Mahlzeit freuen. Das ist nämlich genauso wichtig, wie sich gemeinsam an den Tisch zu setzen und zu essen. Wie immer ist auch hier die Qualität der Zutaten von höchster Wichtigkeit, wenn sie die langsame Zubereitung überstehen sollen. Natürlich müssen es nicht die allerbesten und teuersten Zutaten sein, häufig sind die günstigeren Fleischteile und Innereien überaus schmackhaft – man muss sich nur ein bisschen Zeit nehmen, damit sie ihre Persönlichkeit entfalten können.

LANGSAM

BŒUF CAROTTES

Das ist ein ziemlich gewöhnlicher Name für einen reichhaltigen, äußerst aromatischen Eintopf. Wie bei jedem langsam gekochten Gericht besteht auch hier der Trick darin, allen Zutaten – bis hin zum kleinsten Selleriestückchen – genug Zeit zu lassen, ihr höchstes Aroma zu entfalten. Vielleicht kommt Ihnen die Weinmenge übertrieben vor, aber Sie werden sehen, dass die fast schwarze, dicke Brühe jeden Tropfen wert ist.

4 Personen

10 Karotten (geschält)
50 g Butter
2 EL Oliven- oder Sonnenblumenöl
1 kg Suppenfleisch vom Rind (in mundgerechten Stücken)
2 mittelgroße Zwiebeln (geschält, halbiert)
3 Knoblauchzehen (geschält, zerdrückt)
2 Selleriestangen (in 4–5 cm langen Stücken)
3 EL Mehl
1,5 l guter Rotwein
1 Bouquet garni
Salz und schwarzer Pfeffer (frisch gemahlen)
1 EL Tomatenmark (oder Paste aus sonnengetrockneten Tomaten)

Zwei Karotten grob in Stücke schneiden, die anderen in feine Scheiben.

Die Butter zusammen mit dem Öl in einem Schmortopf schmelzen. Dann das Rindfleisch hinzugeben und anbraten.

Nun die Zwiebelhälften, den Knoblauch, die beiden grob geschnittenen Karotten und den Sellerie hinzufügen und das Ganze einige Minuten brutzeln lassen. Achten Sie darauf, dass nichts anbrennt. Das Mehl darüberstreuen und noch einmal kräftig umrühren.

Den Rotwein angießen und gut umrühren, damit sich keine Klümpchen bilden. Das Bouquet garni, etwas Salz und Pfeffer sowie das Tomatenmark hinzugeben. Den Topf zudecken und das Ganze bei niedriger Hitze auf dem Herd oder im Ofen (150 °C, Gas Stufe 2) etwa 2 Stunden köcheln lassen.

Von Zeit zu Zeit nachschauen, was sich tut. Falls das Fleisch auszutrocknen droht, ein bisschen Wasser in den Topf gießen und sorgfältig umrühren.

Dies ist ein Gericht, das sich perfekt für den nächsten Tag vorbereiten lässt, d. h., an diesem Punkt kann man den Topf vom Herd nehmen und abkühlen lassen. Am Tag darauf alles langsam aufwärmen und anschließend noch einmal 10 Minuten kochen. Oder die Karottenscheiben jetzt hinzufügen und den Eintopf 30 Minuten später servieren.

POT-AU-FEU MIT OCHSENSCHWANZ & OCHSENBÄCKCHEN

In dieser leckeren, reichhaltigen Abwandlung des Eintopfs gehen das zarte Fleisch der Ochsenbäckchen und des Ochsenschwanzes eine besonders innige Verbindung miteinander ein. Auf meinem Wochenmarkt gibt es einen wunderbaren Fleischstand, bei dem ich die Zutaten für mein Pot-au-feu sehr günstig bekomme. In Frankreich ist Ochsenschwanz keineswegs ein modischer Trend wie in Großbritannien oder Deutschland, sondern ein sehr traditionelles Gericht, bei dem es darum geht, alle Teile des Schlachttiers zu verwerten. Heben Sie sich genug auf, um am nächsten Tag *Hachis* – Gehacktes – daraus zu machen!

4 Personen

1 kleine bis mittelgroße Scheibe Ochsenschwanz
(vom Fleischer vorbereitet und zusammengebunden)
1 Ochsenbacke (ca. 500 g)
2 Karotten (geschält, in 5 cm großen Stücken)
2 Selleriestangen
1 Lauchstange (nur der weiße Teil)
2 kleine Speiserüben (geschält)
1 Knoblauchzehe (geschält)
1 Zwiebel (geschält, mit einigen Nelken gespickt)
1 Lorbeerblatt
1 Zweig frischer Thymian
Einige Zweige frische, glattblättrige Petersilie
6–8 festkochende Kartoffeln (geschält)
Salz und schwarzer Pfeffer (frisch gemahlen)
Cornichons
Senf

Alle Zutaten mit Ausnahme der Kartoffeln in einen großen Topf geben und mit Wasser bedecken. Das Ganze aufkochen lassen und dabei von Zeit zu Zeit den Schaum abschöpfen, der sich an der Oberfläche bildet. Anschließend die Mischung etwa 3–4 Stunden bei kleiner Hitze köcheln lassen.

Die Kartoffeln etwa 20 Minuten, bevor das Essen serviert werden soll, mit in den Topf geben.

Sobald die Kartoffeln weich sind, das Fleisch und das Gemüse abgießen. Die Brühe nach Geschmack mit Salz und Pfeffer würzen. Nun zuerst die Suppe und danach Fleisch und Gemüse servieren, zusammen mit Salz, Cornichons und Senf.

FRÜHLINGSEINTOPF MIT LAMM

Die Originalversion dieses Eintopfs basiert auf Speiserüben. In meinem Rezept konzentrieren wir uns mehr auf andere, frische Frühlingsgemüse. Dieses Gericht ist perfekt für das erste Essen draußen im Garten, wenn die Luft noch ein bisschen kühl, die Sonne aber schon recht warm ist. Selbst wenn Sie sich vor dem Dessert eine Jacke anziehen müssen, sind Sie wenigstens einmal aus der Küche bzw. aus dem Esszimmer herausgekommen. Dieses einfache, aber schmackhafte Lammragout ist gleichzeitig leicht und herzhaft. Das Fleisch zergeht im Mund, und das junge Gemüse ist dennoch knackig. Es kündigt das Ende des Winters an und bringt uns einen Vorgeschmack auf den Sommer.

4 Personen

Olivenöl
1 kg Lammschulter (in mundgerechten Stücken)
5 Karotten (geschält, geschnitten)
1 Zwiebel (geschält, grob geschnitten)
1 EL Tomatenmark
1 Bouquet garni
Salz und schwarzer Pfeffer (frisch gemahlen)
4 Handvoll frisches Frühlingsgemüse (z. B. Zuckererbsen, weiße oder violette Babyrüben, Spargel, Zucchini, grüne Bohnen)

Das Öl in einem gusseisernen Schmortopf erhitzen und das Fleisch zusammen mit den Karotten und der Zwiebel anbraten. Anschließend genug kaltes Wasser aufgießen, damit das Fleisch vollständig bedeckt ist. Gut umrühren und dabei auch den Topfboden abkratzen, damit sich der köstliche Bodensatz löst.

Nun das Tomatenmark, das Bouquet garni sowie etwas Salz und Pfeffer hinzugeben, alles aufkochen lassen und dann auf kleiner Flamme etwa 45 Minuten (bzw. bis das Fleisch weich ist) köcheln lassen.

Das Fleisch herausnehmen und warm stellen. Die Brühe etwas einkochen lassen – das Gemüse sollte aber immer noch darin schwimmen können. Nun das Fleisch wieder hinzufügen und das Ganze abschmecken.

Das Frühlingsgemüse separat dünsten, damit es schön knackig bleibt, und erst unmittelbar vor dem Servieren zum Fleisch geben.

LOTHRINGISCHER EINTOPF (LA POTÉE LORRAINE)

Jede Region Frankreichs hat ihre eigene *Potée*. Oft werden dabei verschiedene Fleischsorten – Schwein, Ente, Rind, Kalb, Lamm – miteinander kombiniert. Weitaus wichtiger ist aber die Unterscheidung zwischen rohem und geräuchertem Fleisch. *La Potée Lorraine* ist der bekannteste dieser Eintöpfe. Dieses äußerst reichhaltige Gericht findet man außerhalb Lothringens nur sehr selten auf einer Speisekarte. Der Eintopf braucht eine lange Vorbereitungs- und auch Kochzeit, aber gibt es eine schönere Art, einen gemütlichen Samstagnachmittag mit Freunden zu verbringen? Die Belohnung für all die Arbeit ist ein schmackhaftes Ragout, bei dem die Brühe als Vorspeise serviert wird, gefolgt von zartem Fleisch, Würsten und Gemüse.

4–6 Personen

2 Zwiebeln (geschält, gehackt)

4 Lauchstangen (geschnitten)

1 EL Entenfett

500 g Schinkenhaxe

1 mittelgroßer Wirsing (grob geschnitten)

4 Karotten (geschält, in groben Stücken)

2 kleine Speiserüben (geschält, in Stücken)

4 Knoblauchzehen (geschält, gehackt)

2 Nelken

1 Lorbeerblatt

250 g magerer Räucherspeck

4 Schweinsbratwürste

Muskatnuss

6 mittelgroße Kartoffeln (im Ganzen, geschält)

FÜR DIE KRÄUTERCREME

500 ml Sahne

Frische Kräuter (z. B. Petersilie, Schnittlauch, Estragon, Kerbel, alle fein gehackt)

Salz und schwarzer Pfeffer (frisch gemahlen)

Die Zwiebel und den Lauch in einem großen Topf im Entenfett anbraten. Wenn alles leicht gebräunt ist, die Schinkenhaxe obenauf legen und kaltes Wasser auffüllen, bis sie bedeckt ist. Das Ganze aufkochen lassen und dabei den Schaum abschöpfen, der sich eventuell bildet. Anschließend die Haxe bei leicht geöffnetem Deckel bei niedriger Hitze etwa 1 Stunde köcheln lassen.

Dann den Wirsing, die Karotten, die Speiserüben, den Knoblauch, die Nelken, das Lorbeerblatt und den Räucherspeck hinzugeben und die Mischung weitere 1,5 Stunden köcheln lassen.

Zum Schluss die Würste, etwas geriebene Muskatnuss und die Kartoffeln hinzufügen und das Ganze noch einmal 30 Minuten köcheln lassen.

Nun die Sahne erhitzen und die Kräuter sowie Salz und Pfeffer hinzugeben. Als Erstes die köstliche Brühe und anschließend das Fleisch und das Gemüse mit der warmen Kräutercreme servieren.

RINDERFILET À LA FICELLE

Dieses Rezept erlebte seine erste Blütezeit in den Pariser Bistros des 19. Jahrhunderts. Zartes Rinderfilet, sorgfältig zusammengebunden, wird in Gemüsebrühe pochiert. Die Garzeit ist davon abhängig, wie blutig der Gast sein Fleisch mag. Die Familie meines französischen Ehemanns liebt dieses Rezept. Es erinnert mich immer an große, fröhliche Familientreffen und dampfende Gemüseplatten, die bei Tisch herumgereicht werden.

Bitten Sie Ihren Fleischer, das Filet wie einen Braten einzubinden und ein längeres Stück Schnur daran zu lassen, an dem Sie das Fleisch in die Brühe hängen können, ohne sich die Finger zu verbrennen.

6 Personen

1 große Zwiebel (geschält)
2 Nelken
2 Karotten (halbiert)
2 Selleriestangen
Frische, glattblättrige Petersilie (grob gehackt)
2 Knoblauchzehen (geschält)
Salz und schwarzer Pfeffer (frisch gemahlen)
800–1000 g Rinderfilet

Die Zwiebel mit den Nelken spicken. Das Gemüse, die Petersilie und den Knoblauch in einen großen Topf geben und genug Wasser hinzufügen, sodass das Fleisch später damit bedeckt ist. Das Ganze abschmecken, aufkochen und anschließend etwa 20 Minuten köcheln lassen.

Das Rinderflilet in die kochende Brühe tauchen, den Topf zudecken und das Fleisch 15 Minuten kochen lassen, wenn es sehr blutig (rare) sein soll, 20 Minuten, wenn es medium-rare sein soll, und 25 Minuten, wenn medium gewünscht wird.

Das Fleisch nun wieder herausnehmen und auf ein Schneidebrett legen. Die Schnur entfernen und das Filet in Scheiben schneiden. Keine Sorge, es sieht außen zwar relativ unappetitlich grau aus, im Inneren ist es dafür wunderbar zart und saftig!

Das Fleisch mit Bratkartoffeln und Meerrettich oder Sauce Béarnaise servieren.

ESSIGHUHN

Anstatt scharf oder sauer zu schmecken, verleiht der Rotweinessig diesem Hühnerragout ein wunderbar fruchtiges Aroma. Wie viele der traditionellen Geflügelgerichte Frankreichs stammt auch dieses Rezept ursprünglich aus Lyon. Immer wieder kommt es zu Diskussionen, welche Essigfarbe man verwenden und ob man Weißwein hinzugeben sollte. Ich bevorzuge eine Mischung aus Wein und Essig – die Farbe des Letzteren ist mir allerdings relativ egal. Solange die Qualität stimmt, können Sie verwenden, was Ihnen schmeckt.

4 Personen

120 ml trockener Weißwein
240 ml guter Rotweinessig
110 g Dosentomaten (abgegossen, geschnitten)
Französischer Senf
1 EL frischer Thymian
1 EL frischer Estragon (plus etwas extra als Garnierung)
1 Freilandhuhn, etwa 2 kg (in Stücke geschnitten)
2 EL Olivenöl
1 EL Butter
3–4 mittelgroße Zwiebeln (geschält, gehackt)
Salz und schwarzer Pfeffer (frisch gemahlen)
350 ml Hühnerbrühe
2 EL Crème fraîche

Den Wein und den Essig in einer großen Schüssel mit den Tomaten, dem Senf, dem Thymian und dem Estragon mischen.

Die Hühnerteile mit der Marinade bedecken und alles 1–2 Stunden in den Kühlschrank stellen.

Das Olivenöl und die Butter bei mittlerer Hitze in einem großen Topf erwärmen. Die Hühnerteile aus der Marinade nehmen und in den Topf legen (die Marinade für später aufheben). Die Teile gut anbraten, bevor die Zwiebeln hinzugefügt und alles kräftig umgerührt wird.

Sobald die Zwiebeln glasig werden, die Hühnerteile herausnehmen, auf einen Teller legen und mit Salz und Pfeffer würzen.

Die Zwiebeln etwa 1 Minute weiterbraten, bis sie leicht gebräunt sind. Nun die restliche Marinade hinzugeben und alles kräftig umrühren. Darauf achten, dabei auch den leckeren Bodensatz abzukratzen.

Die Hühnerbrühe hinzufügen, gefolgt von den Hühnerteilen, und noch einmal alles gut umrühren. Aufkochen und anschließend zugedeckt auf kleiner Flamme etwa 20–25 Minuten köcheln lassen, bis das Fleisch gar ist.

An diesem Punkt kann man das Gericht als Vorbereitung für den folgenden Tag abkühlen lassen und in den Kühlschrank stellen. Am nächsten Tag das Ganze einfach wieder aufwärmen, bevor mit dem nächsten Schritt weitergemacht wird.

Die Hühnerteile und die Zwiebeln mit einem Schöpflöffel herausnehmen, diese auf einen vorgewärmten Teller legen, der mit Folie abgedeckt wird, damit alles schön warm bleibt. Zuletzt die Sauce etwa 1 Minute köcheln lassen, bevor die Crème fraîche unter Rühren hinzugefügt wird.

Die Sauce über dem Fleisch verteilen und das Ganze unmittelbar vor dem Servieren mit dem restlichen Estragon bestreuen.

HUHN NACH BASKISCHER ART

Dieses kräftige Hühnerragout soll sich aus einem Gericht entwickelt haben, das baskische Hirten einst in Tontöpfen mit sich führten. Heute ist es ein traditionelles Sonntagsessen. Sie können die Farben der Paprikaschoten variieren oder die leckeren Piquillos aus dem Baskenland bzw. deren spanische Verwandte hinzufügen. Die wichtigste Zutat bleibt jedoch das *Piment d'Espelette*, ein relativ mildes Chilipulver mit einem unverwechselbar rauchigen Geschmack, nach dem man geradezu süchtig wird. Falls Sie das Pulver nicht bekommen, versuchen Sie es einmal mit geräuchertem Paprika, den man in guten Feinkostläden erhält.

6 Personen

1–2 EL Olivenöl
1 Freilandhuhn, etwa 2 kg (in Stücken bzw. 4 Hühnerschenkel)
4–5 große Zwiebeln (geschält, geviertelt)
4 Knoblauchzehen (geschält, grob gehackt)
1 Lorbeerblatt
2 TL frischer Thymian (gehackt)
800 g Dosentomaten
235 ml trockener Weißwein oder Wasser
2 rote und 2 grüne Paprikaschoten (geschnitten)
1 große Dose grüne Oliven (entsteint)
1 TL *Piment d'Espelette* (mildes Chilipulver)
Salz und schwarzer Pfeffer (frisch gemahlen)

Das Olivenöl in einem großen Topf bei mittlerer bis starker Hitze erwärmen. Die Hühnerteile von allen Seiten schön braun anbraten.

Sobald das Fleisch gebräunt ist, die Zwiebeln, den Knoblauch, das Lorbeerblatt, den Thymian, die Tomaten und den Wein bzw. das Wasser hinzugeben. Das Ganze kurz aufkochen und dann bei niedriger Hitze etwa 40 Minuten köcheln lassen.

Nun die Paprikaschoten, die Oliven und das *Piment d'Espelette* hinzufügen, den Topf wieder zudecken und alles noch einmal 20–30 Minuten köcheln lassen, bis das Huhn gar und die Sauce ein wenig eingekocht ist.

Das Ragout mit Salz und Pfeffer abschmecken. Wenn man es über Nacht im Kühlschrank ziehen lässt, schmeckt es am nächsten Tag sogar noch besser.

HÜHNER

Die Qualität der französischen Hühner ist im Großen und Ganzen in Ordnung. Der Konsument ist hier an guten Geschmack und feste Knochen gewöhnt und weiß die Qualität nachvollziehbar etikettierter Produkte zu schätzen. Das *Label Rouge* ist ein landesweites Gütesiegel. Um sich dafür zu qualifizieren, muss das Huhn ununterbrochen im Freien leben, mindestens 81 Tage alt sein und eine ausgewogene Ernährung aus Getreide, Mineralstoffen und Vitaminen erhalten haben. Auch die Hygiene- und Gesundheitsüberprüfungen sind überaus streng.

Paul und Noël Renault betreiben seit über 20 Jahren eine Geflügelzucht in Louvigné de Bais, in der Nähe von Vitré. Sie züchten Hühner, Tauben und Enten mit einer ganz einfachen Philosophie: Sie belassen die Tiere in ihrer natürlichen Umgebung. Die Vögel leben in einem Park mit Teichen für die Enten. Paul hat alte Hühnerrassen wie das Coucou de Rennes wieder eingeführt, das seit den 1960er-Jahren praktisch von der Bildfläche verschwunden war. Minimale Aufzuchtzeit? 130 Tage! Alle Tiere fressen pestizidfreies Getreide, das die Brüder selbst angebaut haben, *bien sûr*. Der Unterschied zu den armen Hühnern, die sich nach nur 60 Tagen im Kochtopf wiederfinden, ist enorm.

Das Geflügel der Renaults wird nach strengeren Richtlinien aufgezogen, als es von jedem Gütesiegel verlangt wird. Da ihre Tiere viel später geschlachtet werden als ein *Label-Rouge*-Huhn, dürfen sie jedoch den hoch angesehenen Aufkleber nicht verwenden. Das hält berühmte Küchenchefs jedoch nicht davon ab, ihre mit Michelinsternen dekorierten Restaurants von Renault-Produkten beliefern zu lassen. Das Hühnchenfleisch ist fest und schmeckt leicht nach Haselnuss, die Knochen sind selbst nach langem Kochen oder Braten noch fest, und ihr Fett kommt als Gelee heraus, nicht als Wasser. Wenn ich einmal das Glück habe, eines dieser Traumhühner in die Finger zu bekommen, schmore ich es ganz langsam im Ofen. Die Karkasse verwende ich anschließend für eine kräftige Suppe. Diese Qualität hat natürlich ihren Preis, und Paul ist der Erste, der das beklagt: „Als ich ein Junge war, war dieses Huhn alles andere als ein Luxusgut. Heute ist aber genau das daraus geworden."

Wollen Sie eines dieser fabelhaften Hühner einmal selbst versuchen, sollten Sie auf den Markt in Rennes gehen, wo Paul einen Stand hat, oder zu einem der wenigen Spezialitätenfleischer in Paris. Sie können es natürlich auch als perfekte Ausrede benutzen, um die Speisekarten einiger der besten Restaurants des Landes durchzuprobieren.

COQ AU VIN

Es ist eine wahre Schande, dass ein Gericht, das als Gipfel der französischen Kochkunst entstand, zu einer beliebten Mahlzeit in Einkaufszentren und auf Autobahnraststätten verkommen ist. Natürlich – das versteht sich wohl von selbst – hat das, was dort serviert wird, mit dem Original außer dem Namen nicht mehr viel gemeinsam. Ursprünglich stammt das Gericht aus dem Burgund, und Puristen würden niemals Wein, der nicht aus dieser Region stammt, in den Topf gießen. Ich verwende jedoch gern den sonnenverwöhnten Châteauneuf-du-Pape. Wichtig ist, den besten Wein zu nehmen, den Sie sich leisten können, und sogenannten Kochwein um jeden Preis zu vermeiden. Ich gebe auch gern einen guten Schuss Cognac hinzu, damit der Geschmack noch intensiver wird. Am liebsten verwende ich für dieses Rezept *Poitrine fumée* – geräucherten Schweinebauch –, aber in große Würfel geschnittener Räucherspeck tut es auch.

4–6 Personen

125 g Butter
Olivenöl
1 Freilandhuhn, etwa 2 kg
2 Knoblauchzehen (geschält, plus extra für Baguettescheiben)
20 Perlzwiebeln (geschält, aber nicht eingelegt)
200 g *Poitrine fumée* (geräucherter Bauchspeck, in Stücke geschnitten)
Cognac
2 Flaschen Rotwein
1 Bouquet garni
Salz und schwarzer Pfeffer (frisch gemahlen)
250 g Champignons
1 Baguette

Die Hälfte der Butter und etwas Öl in einem schweren Topf erhitzen und darin das Huhn zusammen mit dem Knoblauch, den Zwiebeln und dem *Poitrine fumée* anbraten.

Den Cognac über das Huhn gießen und das Ganze vorsichtig flambieren! Anschließend gut umrühren und den Rotwein sowie das Bouquet garni hinzufügen. Leicht mit Salz und Pfeffer würzen.

Das Huhn einmal aufkochen lassen und dann etwa 3 Stunden bei kleiner Hitze sehr sanft köcheln, bis es gar ist.

Unmittelbar vor dem Servieren die Champignons in der restlichen Butter anbraten und mit in den Topf geben.

Das Baguette in Scheiben schneiden und diese mit einer halben Knoblauchzehe einreiben. Die Scheiben mit etwas Olivenöl beträufeln und im Ofen goldbraun rösten. Die Baguettescheiben auf dem Coq au Vin servieren.

FISCHEINTOPF À LA NORMANDIE

Nun ja, zumindest eine Variante davon. Das Original, *Marmite Dieppoise*, stammt aus der Küstenstadt Dieppe und enthält mindestens sechs verschiedene Fisch-, Muschel- und Garnelensorten, die in Apfelwein pochiert, mit Calvados abgeschmeckt und dann mit Sahne übergossen werden. Das Ganze ist eine Art normannische Meeresfrüchteausstellung im Topf. Mein Rezept ist eine viel bescheidenere Ausgabe, bei der wir nur drei Sorten Fisch verwenden, um alles ein bisschen einfacher zu machen.

4 Personen

1 Lauchstange (sorgfältig gewaschen, geschnitten)
150 g Champignons
75 g Butter
400 g Lachsfilet (in große Stücke geschnitten)
400 g Schollenfilet (in große Stücke geschnitten)
100 g geräucherter Seehecht (in große Stücke geschnitten)
300 ml Sahne
Salz und schwarzer Pfeffer (frisch gemahlen)

FÜR DIE (FISCH)BRÜHE
3 oder 4 Fischköpfe (wahlweise)
2 Karotten (geschält, geschnitten)
1 mit Nelke gespickte Zwiebel
1 Bouquet garni
1 l Apfelwein (Cidre)
300 ml Weißwein

Für die Brühe alle Zutaten in einen großen Topf geben, aufkochen und etwa 30 Minuten köcheln lassen. Dann die Brühe durch ein feines Sieb gießen.

Den Lauch und die Champignons in der Butter anbraten, bis sie weich sind. Nun in die Brühe geben und das Ganze noch einmal 20 Minuten köcheln lassen.

Den rohen Fisch 5–10 Minuten in der Brühe pochieren. Der geräucherte Seehecht muss nur knapp 5 Minuten darin erwärmt werden. Anschließend die Sahne hinzufügen und das Ganze vorsichtig umrühren.

Soll der Eintopf etwas reichhaltiger werden, können Sie vorgekochte Kartoffeln zusammen mit den Champignons in die Brühe geben bzw. geschälte, halbierte Äpfel mit zum Fisch.

POMMES BOULANGÈRE

Dieser traditionelle Kartoffelauflauf mit Zwiebeln wird meist zu *le Rosbif* – Roastbeef – serviert. Häufig wird er mit dem Fleisch obenauf gegart, sodass der Fleischsaft in den Auflauf sickern kann. Genauso schmackhaft ist er auch mit Lammbraten oder Entenconfit oder auch einfach mit ein paar Speckwürfeln zwischen den Kartoffel- und Zwiebelschichten.

4 Personen

75 g Butter
Olivenöl
400 g Zwiebeln (geschält, in dünne Scheiben geschnitten)
800 g festkochende Kartoffeln (geschält, in dünne Scheiben geschnitten)
Salz und schwarzer Pfeffer (frisch gemahlen)
100 ml Rinderbrühe

Den Ofen auf 200 °C (Gas Stufe 6) vorheizen.

Die Butter auf 2 Pfannen verteilen, jeweils etwas Öl zufügen und in der einen die Zwiebeln und in der anderen die Kartoffelscheiben anbraten, bis diese an den Rändern leicht gebräunt sind.

Nun die Kartoffeln und Zwiebeln abwechselnd in eine Auflaufform schichten und das Ganze mit Salz und Pfeffer abschmecken. Zum Schluss die Rinderbrühe darübergießen und die Form für etwa 40 Minuten in den Ofen stellen.

PISSALADIÈRE

Die echte *Pissaladière* ist ein Zwiebelkuchen mit Anchovis und stammt aus Nizza. *Pissalat* ist die uralte Bezeichnung der Sardellencreme, die unter einer weichen, dicken Zwiebelschicht auf den Teig gestrichen wird. Heute wird das Ganze meist mit Pizzateig und frischen oder gesalzenen Anchovis zubereitet, schmeckt aber immer noch genauso gut. Denken Sie nur daran, dass Tomaten darin nichts zu suchen haben und dass die Zwiebeln so sanft wie möglich angebraten werden sollten, damit sie schön hell bleiben.

Vorspeise oder Snack für 4–6 Personen

Olivenöl
6 Zwiebeln (geschält, in dünne Scheiben geschnitten)
1 Pizzaboden
20 schwarze Oliven (entsteint)
6 Anchovis

Den Ofen auf 180 °C (Gas Stufe 4) vorheizen.

Das Olivenöl in einer schweren Pfanne erhitzen und darin die Zwiebeln anschwitzen, bis diese sehr weich, aber nur ganz leicht golden sind.

Die Zwiebeln in einer dicken Schicht auf dem Pizzaboden verteilen. Anschließend die Oliven und die Anchovis darüber verteilen.

Den Zwiebelkuchen im Ofen etwa 15 Minuten backen, bis der Rand goldbraun ist.

GEMÜSEAUFLAUF MIT ROSMARIN PROVENÇALE

Der französische Name dieses Gerichtes, *Tian Provençale*, leitet sich von der irdenen Auflaufform ab, in der es zubereitet wurde. Anstatt die Gemüsesorten in Schichten übereinanderzulegen und sie in Eiern und Sahne zu ertränken, wie beim *Gratin Dauphinois*, werden sie hier eng nebeneinandergelegt und mit Olivenöl beträufelt. Am häufigsten nimmt man Zucchini, Tomaten, Auberginen, Zwiebeln und Knoblauch für diesen Auflauf, der wie Ratatouille warm oder kalt serviert werden kann.

4 Personen

4 Zucchini
4 reife Tomaten
1 Aubergine
2 Knoblauchzehen (geschält, zerdrückt)
Frischer Rosmarin (gehackt)
Olivenöl
Salz und schwarzer Pfeffer (frisch gemahlen)
Einige zusätzliche, ungeschälte Knoblauchzehen

Den Ofen auf 160 °C (Gas Stufe 3) vorheizen.

Das Gemüse in feine Scheiben schneiden und zusammen mit dem Knoblauch und dem Rosmarin eng nebeneinander in die Auflaufform schichten. Dabei die Farben abwechseln.

Das Ganze mit Olivenöl beträufeln, mit Salz und Pfeffer abschmecken. Die ungeschälten Knoblauchzehen darüber verteilen.

Den Auflauf etwa 40 Minuten backen, bis das Gemüse weich ist.

GEFÜLLTE TOMATEN

Gefüllte Tomaten, eine beliebte und traditionelle Familienmahlzeit, sind in den französischen Lebensmittelgeschäften allgegenwärtig. Mit Fleischfüllung werden sie auch in Metzgereien verkauft. Glücklicherweise lassen sich Tomaten mit fast allem füllen. Meine Lieblingsversionen sind momentan Füllungen aus Thunfisch und Krabbenmayonnaise, was schneller geht – aber auch viel kälter ist – als dieses Hauptgericht mit Fleischfüllung.

4 Personen

4 große Tomaten
1–2 EL Olivenöl
Salz und schwarzer Pfeffer (frisch gemahlen)
1 Zwiebel (geschält, gehackt)
1–2 Knoblauchzehen (geschält, gehackt)
180 g Rinderhackfleisch
50 g schwarze Oliven (entsteint)
1 TL frische Petersilie (gehackt)
1/2 TL frischer Estragon (gehackt)
1 TL frischer Schnittlauch (geschnitten)
Einige Tropfen Zitronensaft
1 Ei (verquirlt)
160 g Reis (gekocht)

Den Ofen auf 180 °C (Gas Stufe 4) vorheizen. Das obere Drittel der Tomaten abschneiden (die Deckel für später aufheben) die Kerne entfernen – ohne dabei die Haut zu verletzen –, in eine flache, mit Olivenöl ausgepinselte Auflaufform legen und mit etwas Salz bestreuen.

1 TL Olivenöl in einer Pfanne erhitzen, darin die Zwiebel und den Knoblauch 1–2 Minuten anschwitzen. Nun Hackfleisch, Oliven, Kräuter und Zitronensaft hinzufügen und alles mit Salz und Pfeffer abschmecken. Die Pfanne vom Herd nehmen, das Ei und den Reis hinzufügen und alles gut durchmischen.

Die Tomaten bis kurz unter den Rand füllen und die Deckel wieder aufsetzen. Schließlich die Tomaten etwa 15–20 Minuten backen.

WALNUSSSALAT MIT POCHIERTEN QUITTEN

Dieses Rezept ist ein wunderbares Herbstgericht. Die Quitten brauchen eine ganze Weile, bis sie gar sind, und sie profitieren davon, wenn man sie vorher in Gewürzsirup einlegt. Versuchen Sie unbedingt, frische Walnüsse – oder falls Sie keine bekommen, frische Haselnüsse – zu verwenden. Das macht bei diesem süß-scharfen Salat einen großen Unterschied.

4 Personen

2 reife Quitten
250 g gemischter grüner Salat
1 gute Handvoll Walnüsse (grob gehackt)

FÜR DEN SIRUP
475 ml Wasser
100 g Streuzucker
Saft von 1/2 Zitrone
1 Vanilleschote
Die folgenden Gewürze können allein oder in Kombination
verwendet werden:
5 Pfefferkörner
2 Nelken
1 Sternanis
1 Zimtstange

FÜR DIE VINAIGRETTE
3 EL Walnussöl
2 EL Quittensirup oder Ahornsirup
1 EL Himbeeressig
1 Handvoll Schnittlauch (geschnitten)
Salz und schwarzer Pfeffer (frisch gemahlen)

Die Quitten gründlich waschen, die dicke Schale sorgfältig entfernen und die Früchte erst einmal beiseitelegen.

Die Sirupzutaten in einem großen Topf vermischen. Das Ganze aufkochen lassen und die Quitten hinzufügen. Die Hitze verringern und die Quitten etwa 45 Minuten köcheln lassen, bis sie sehr weich sind. Anschließend den Topf abkühlen lassen.

Jede Quitte in 6 Spalten schneiden, die Kerngehäuse entfernen und wieder in den Sirup legen. Darin im Kühlschrank über Nacht (oder bis zu 3 Tagen) marinieren lassen.

Den Salat auf den Tellern verteilen, je drei abgetropfte Quitten-spalten hinzugeben und das Ganze mit der Vinaigrette beträufeln. Zuletzt noch die gehackten Nüsse darüberstreuen. Falls Ihnen das Walnussöl zu intensiv ist, stattdessen ein neutrales Öl verwenden.

COUSCOUS ROYAL

Dieses Gericht ist nicht unbedingt sehr französisch, aber die Verbindung zwischen Frankreich und Marokko hat eine lange Tradition. Eines der tollsten Festmahle, das ich jemals erlebt habe, fand in Marrakesch statt. Die Mahlzeit dauerte über drei Stunden, und wir bekamen ein Gericht nach dem anderen serviert. Zwischen den Gängen gab es Pausen, in denen Kellner unsere Hände mit Rosenwasser besprenkelten. Es war himmlisch! Nun, da es Harissa, Blütenwasser und marokkanische Gewürze überall problemlos zu kaufen gibt, kann man sich selbst einmal an dieses Gericht wagen.

4 Personen (es ist ein Festmahl!)

Olivenöl
Je 4 Hühnerschenkel und -keulen
1 kg Lammschulter (in mundgerechten Stücken)
3 Zucchini (in Stücke geschnitten)
3 Karotten (geschält, in Stücke geschnitten)
200 g Kürbis (geschält, in Stücke geschnitten)
2 Speiserüben (geschält, in Stücke geschnitten)
4 Zwiebeln (geschält, in Stücke geschnitten)
2 rote Paprikaschoten (entkernt, geschnitten)
Je 5 Zweige frischer Koriander und Petersilie (grob gehackt)
300 ml Tomatenmark
2 EL Ras el-Hanout*
1 TL Kurkuma
4 Nelken
1 EL Zimt
1 EL Streuzucker
Salz und schwarzer Pfeffer (frisch gemahlen)
100 g Rosinen
Orangenblütenwasser (wahlweise)
100 g Mandelblättchen
150 g Kichererbsen aus der Dose
4 Merguez-Würste
700 g mittelkörniges Couscous
Harissapaste

Den Ofen auf 180 °C (Gas Stufe 4) vorheizen.

Eine kleine Menge Olivenöl in einem großen Topf erhitzen. Erst das Huhn und dann das Lamm von allen Seiten anbraten. Das Fleisch wieder aus dem Topf nehmen, in eine feuerfeste Schale legen und im Ofen 40–50 Minuten garen. Anschließend warm stellen.

In der Zwischenzeit alles mit dem Koriander, der Petersilie, dem Tomatenmark, dem Ras el-Hanout, den Gewürzen sowie dem Zucker, etwas Salz und Pfeffer in den Topf geben. Das Ganze mit Wasser bedecken, den Topf zudecken, aufkochen lassen und anschließend bei reduzierter Hitze 45 Minuten köcheln lassen. Die Rosinen mindestens 30 Minuten in Wasser einweichen – nach Belieben einige Tropfen Orangenblütenwasser hinzugeben. Die Mandelblättchen anrösten.

Die Kichererbsen abgießen und gemeinsam mit den Würsten zum Gemüse geben. Die Mischung weitere 30 Minuten köcheln lassen, bis alles weich ist.

Den Couscous in einer feuerfesten Schüssel mit kochendem Wasser übergießen, sodass er vollständig bedeckt ist. Die Schüssel zudecken und 5 Minuten ziehen lassen.

Zum Servieren den Couscous in die Mitte eines großen Tellers geben. In der Mitte des Haufens eine Vertiefung drücken, in die das gesamte Fleisch kommt. Das Gemüse rund um den Couscous herum verteilen. Anschließend das Ganze mit den Rosinen und Mandelblättchen bestreuen.

Die Gemüsebrühe eine Schale gießen und separat servieren. Nach Geschmack mit Harissapaste nachwürzen.

* Ras el-Hanout ist eine marokkanische Gewürzmischung. Sie werden feststellen, dass die Mischung für alle möglichen Gerichte verwendbar ist. Sie kann aber auch ohne Weiteres durch 1 TL Kreuzkümmelpulver, 1 TL Korianderpulver und je ½ TL Muskatnuss und Zimt ersetzt werden.

BUGNES

Bugnes sind kleine Schmalzgebäckstückchen, die mit Puderzucker bestreut und warm gegessen werden. Traditionell werden sie zum *Mardi Gras* serviert, einem christlichen Fest, das im Februar anlässlich des Winterendes gefeiert wird und Aschermittwoch sowie der darauffolgenden, langen Fastenzeit vorgreift. Früher aßen die Menschen zu dieser Zeit viel Fett (franz.: *gras*), damit sie für die anstehende 40-tägige Fastenzeit ein kleines Polster hatten. Neben dem Essen von Beignets oder Bugnes verkleideten sich die Menschen außerdem, um auf diese Weise den Frühling zu begrüßen. Der Karneval von Nizza ist weltberühmt, aber im Rest Frankreichs feiert man *Mardi Gras* vor allem in den Schulen. Jedes Jahr sind meine Kinder ganz aufgeregt, wenn sie sich für die kleinen Paraden verkleiden, die auf den Spielplätzen beginnen und dann durch die Straßen des Ortes ziehen. In der Gegend, in der wir leben, verbraucht man übrig gebliebenes Mehl, Zucker und Butter vor der Fastenzeit für Crêpes, aber weiter im Süden sind Bugnes nach wie vor die Süßigkeit der Wahl. Am berühmtesten sind die gedrehten *Bugnes lyonnaises*. In anderen Gegenden haben sie andere Namen und Formen, von *Merveilles* bis zu *Oreilles*, manchmal sehen sie aus wie lustige kleine Schleifen, Ringe, Rauten oder Galettes. Sie werden mit Orangenblütenwasser, Rum oder Cognac verfeinert und immer mit viel Zucker – entweder Puder- oder Streuzucker – bestreut. Bugnes lassen sich ganz einfach herstellen, vor allem, wenn man die Hefe weglässt und eine Küchenmaschine benutzt. Dies ist mein schnelles, einfaches Bugnes-Rezept:

200 g Mehl, 3 EL Zucker und 60 g weiche Butter in die Küchenmaschine geben und das Ganze etwa 10 Sekunden durchrühren. 1 EL Orangenblütenwasser oder Rum, die abgeriebene Schale von 1 Zitrone und 2 Eier hinzufügen. Weitere 15 Sekunden rühren, bis sich ein glatter, weicher Teig bildet. Den Teig auf einer bemehlten Arbeitsfläche dünn ausrollen. Anschließend in Streifen oder Rechtecke schneiden und die Stücke in heißem Pflanzenöl etwa 1–2 Minuten frittieren, bis sie goldbraun sind. Die Bugnes mit viel Zucker bestreuen und sofort servieren. Achtung, Bugnes bleiben nur ein paar Stunden knusprig!

Bei roher französischer Küche denkt man zuerst an den Bistroklassiker Steak Tatar oder an bretonische Austern mit Malzbrot und gesalzener Butter. Die zunehmende Popularität von Sushi und Sashimi, gepaart mit dem Ansturm der Molekularküche – einem Trend, der sich auf eher wissenschaftliche Art und Weise mit dem Kochen befasst und bei dem die Veränderungen der Zutaten während des Kochvorgangs untersucht werden –, hat das Ansehen diverser roh servierter Gerichte ungemein erhöht.

Die Franzosen sind sehr gut darin, ein traditionelles Gericht oder eine klassische Kochmethode auf alles anzuwenden, was ihnen gefällt. Für rohe Gerichte bedeutet dies, dass es inzwischen Carpaccios, Ceviches und Tatar von nahezu allem gibt, ob süß oder herzhaft, von Roter Bete über Schwertfisch bis hin zu Erdbeeren. Eine Zutat zu nehmen und 50 verschiedene Dinge damit zu tun, wie es in der Molekulargastronomie üblich ist, bedeutet – in Kombination mit unserem erhöhten Gesundheitsbewusstsein –, dass wir Gemüse heutzutage viel mehr Aufmerksamkeit schenken als früher. Das Ergebnis ist ein einfacherer, geradlinigerer und subtilerer Geschmack vieler Gerichten.

Ein gutes Vorbild für diese Kochweise ist Iñaki Aizpitarte, ein junger Koch aus dem Baskenland, der sich in Frankreich bereits einen guten Namen gemacht hat. In seinem Pariser Restaurant Le Châteaubriand serviert er Nektar aus intensiv zentrifugiertem, rohem Gemüse, der das traditionelle Jus auf Fleischbasis ersetzt. Die Kombination aus rohen und gekochten sowie kalten und warmen Speisen, z. B. roher Rotkohl in Rinderbrühe mit Kräuterblüten, sorgt dafür, dass jeder Bissen voll intensivem Aroma und Textur steckt.

Zu Hause sind Rohkostteller bei vielen französischen Essen eine typische Vorspeise. Zu den beliebtesten gehören geriebene Karotten und Rote-Bete-Würfel in Vinaigrette mit Gurke in Kräutersauce. Meine Kinder bekommen in der Schule jeden Tag Rohkost als Vorspeise. Rohe Zutaten in der Küche eröffnen ungeahnte Möglichkeiten: Man kann mit verschiedenen Vinaigrettes experimentieren und neben den traditionellen Gewürzen auch einmal gewürztes Salz, Zucker oder Butter ausprobieren. Der größte Vorteil für mich liegt jedoch in der wunderbaren und enormen Farbpalette, die auf einmal in der Küche zur Verfügung steht.

ROH

AVOCADOSUPPE

Guacamole mit Tortillachips ist auch bei den Franzosen inzwischen eine beliebte Vorspeise geworden. Durch den Vormarsch des sogenannten Fingerfood, der Miniportionen, Verrines und Tapas, wird heute auf vielen Cocktailpartys Guacamole mit einem Schuss Tequila – damit es nicht so langweilig ist – in kleinen Gläsern als Suppe serviert. Servieren Sie diese Suppe mit warmen Tortillas. Da sie wirklich sehr gehaltvoll ist, dürfen die Portionen ruhig recht klein sein.

4 Personen

1 große, reife Avocado (geschält, entsteint)
50 ml Limonensaft
1 mittelgroße Tomate (ohne Haut und Kerne)
150 ml Gemüsebrühe
60 ml Sahne
Salz und schwarzer Pfeffer (frisch gemahlen)
1 Schnapsglas Tequila
Frische Korianderblätter als Garnierung

Die Avocado in große Stücke schneiden und dann alle Zutaten mit Ausnahme von Salz, Pfeffer, Tequila und Koriander mit einem Mixer glatt rühren.

Die Suppe anschließend mehrere Stunden kalt stellen.

Unmittelbar vor dem Servieren die Suppe mit Salz und Pfeffer abschmecken, den Tequila hinzugeben und das Ganze mit den Korianderblättern garnieren.

SAUERAMPFERSUPPE AUF LACHS-DILL-TATAR MIT EINGELEGTEN ZITRONEN

Sauerampfer ist ausgesprochen gesund. Er enthält viele Ballaststoffe, Vitamin C und E sowie Antioxidantien. Unsere Vorfahren nutzten ihn als Breiumschlag und auch als Aufguss, um Herz-, Leber- und Magenprobleme zu behandeln. Dem Wasser, in dem der Sauerampfer gekocht wurde, sagte man nach, das Haar glänzend zu machen. Für viele sind die medizinischen Qualitäten sicher sehr attraktiv, aber ehrlich gesagt, konzentriere ich mich lieber auf seine zitronige Würze.

Sauerampfer bekommt man von Mai bis Oktober auf dem Wochenmarkt. Die jungen Blätter brauchen keine weitere Behandlung, aber bei den älteren, härteren muss man die Blattrippen herausschneiden.

Eingelegte Zitronen können Sie entweder im Feinkostgeschäft kaufen oder selbst machen. Dazu reiben Sie unbehandelte Zitronenviertel mit Fleur de Sel ein, schichten sie in ein Einmachglas und füllen es mit Zitronensaft auf. Fügen Sie noch Pfeffer und ein Lorbeerblatt hinzu. Nach etwa 6 Wochen an einem kühlen Ort sind die Zitronen durchgezogen.

Dieses Rezept ist ein gelungener Kompromiss zwischen gesunder Ernährung und Schlemmerei, bei dem die dicke, cremige Suppe über rohem Lachs mit Kräutern gegessen wird.

4 Personen

400 g Lachsfilet in Sushi-Qualität (in kleine Würfel geschnitten)
1 eingelegte Zitrone (fein geschnitten)
1 Handvoll frischer Dill (sehr fein gehackt)
Salz und schwarzer Pfeffer (frisch gemahlen)
250 g frischer Sauerampfer (grob geschnitten)
500 g Kartoffeln (geschält, gewürfelt)
Sahne (wahlweise)

Die Lachswürfel mit Zitrone und Dill mischen und alles mit Salz und Pfeffer abschmecken.

Den Sauerampfer mit etwas Wasser in einen großen Topf geben und langsam erhitzen, bis er zusammenfällt und der Saft austritt.

Nun etwa 1 l Wasser sowie die Kartoffeln hinzufügen. Das Ganze 15–20 Minuten köcheln lassen, bis die Kartoffeln weich sind.

Die Suppe mit einem Mixer glatt rühren. Nach Belieben 1 Schuss Sahne hinzugeben, aber die Suppe wird bereits durch die Kartoffeln cremig genug.

Das Lachstatar auf 4 Schalen verteilen und bei Tisch die heiße Suppe darübergießen, damit der Lachs ganz kurz erhitzt wird.

SELLERIE-KAROTTEN-SUPPE MIT WASSERMELONEN-ANANAS-SALSA

Diese frische Suppe kann mit allerlei Zutaten aufgepeppt werden, und man kann sie in Schüsseln, Bechern oder Gläsern heiß oder kalt servieren. Ich habe meine Version auch schon mit gewürzter Butter und verschiedenen Pestos serviert, aber für zusätzliche Vitamine und Frische geht nichts über eine Salsa als Begleitung.

4 Personen

1 Sellerieknolle, geschält, ca. 500 g
300 g Karotten (geschält)
1/2 Lauchstange
1 l Gemüsebrühe
1 Bouquet garni
50–100 ml Sahne (wahlweise)
Salz und schwarzer Pfeffer (frisch gemahlen)

FÜR DIE SALSA
300 g Wassermelone
1/2 rote Zwiebel
6 Kirschtomaten
200 g Ananas
Schnittlauch

Die Sellerieknolle, die Karotten und den Lauch in grobe Stücke schneiden.

Die Brühe in einem Topf aufkochen lassen und das Gemüse zusammen mit dem Bouquet garni darin garen.

Während das Gemüse kocht, die Zutaten für die Salsa sehr klein schneiden und in einer Schüssel mischen. Anschließend die Salsa kalt stellen, damit sich der Geschmack richtig entfalten kann.

Sobald das Gemüse weich ist, das Bouquet garni entfernen und den Rest mit einem Mixer glatt rühren. Je nach Geschmack Sahne hinzugeben und das Ganze mit Salz und Pfeffer abschmecken.

Die Suppe in vorgewärmten Schalen mit der Salsa servieren.

THUNFISCHCARPACCIO MIT LIMONE UND MARACUJA

Diese frische, spritzige Vorspeise eignet sich gut für einen lauen Sommerabend im Garten. Sie sollten jedoch unbedingt Vertrauen zu Ihrem Fischhändler haben, damit Sie auch wirklich den frischesten Fisch bekommen. Der Thunfisch sollte glänzend rubinrot sein und nicht riechen bzw. bestenfalls ein leichtes Aroma nach salziger Seeluft haben. Die Kombination aus Limonen und Maracuja passt auch sehr gut zu rohen Jakobsmuscheln.

4 Personen

400 g Thunfischfilet in Sushi-Qualität
Schwarzer Pfeffer (frisch gemahlen)
2 Maracujas (das Fruchtfleisch herausgelöst)
Schale von 1 Limone, abgerieben
Olivenöl
Fleur de Sel

Den Fischhändler am besten bitten, den Thunfisch in hauchdünne Scheiben zu schneiden. Alternativ möglichst dünne Scheiben vom Fisch abschneiden, diese zwischen zwei Blätter Pergamentpapier legen und mit einem Nudelholz plätten.

Die Scheiben auf Tellern anrichten und kühl stellen.

Unmittelbar vor dem Servieren den Fisch in folgender Reihenfolge würzen: schwarzer Pfeffer, Maracuja, Limonenschale, Olivenöl und Fleur de Sel.

WAS KANN MAN MIT AUSTERN MACHEN?

Wenn sie wirklich frisch sind, muss man eigentlich überhaupt nichts mit ihnen machen. In meiner Landküche waren Austern oft Mittelpunkt der geselligsten Zusammenkünfte, bei denen diverse Gläser Sancerre unsere oft zweifelhaften Austeröffnungsversuche begleiteten. Es wurden mindestens genauso viele „probiert", wie letztendlich ihren Weg auf die Teller fanden. Nur selten servierten wir die Austern mit etwas anderem als einem Spritzer Zitronensaft. Trotzdem finde ich, dass es von Zeit zu Zeit Spaß macht, sie fantasievoll aufzupeppen. Die Variante mit Honig und schwarzem Pfeffer stammt von Richard Corrigan von »Lindsay House« und »Bentley's Oyster Bar & Grill« in London – es ist seine Lieblingszubereitung von Austern.

Für 6–12 geöffnete Austern

ROTWEINESSIG UND SCHALOTTEN

Diese Ergänzung eignet sich gut für normale Austern, wäre bei einer edlen Felsen- oder Belon-Auster aber eher Verschwendung. 1 EL sehr fein gehackte Schalotten mit 3 EL Rotweinessig mischen und die Vinaigrette zu den Austern servieren.

SPECK UND BASILIKUM

2–3 Streifen Frühstücksspeck sehr knusprig anbraten und in sehr kleine Stücke schneiden. Die Austern auslösen, aber in der Schale lassen. Ein frisches Basilikumblatt auf jede Auster legen und einige Speckstücke darüberstreuen. Unmittelbar vor dem Servieren die Austern mit ein paar Tropfen Worcestershiresauce beträufeln.

HONIG UND SCHWARZER PFEFFER

Die Austern auslösen, aber in der Schale lassen. Etwas schwarzen Pfeffer mit leicht erwärmtem, mildem Honig mischen und einige Tropfen davon auf jede Auster geben.

RADIESCHEN MIT GERÄUCHERTER BUTTER UND BLÄTTERTEIGSPIRALEN

In nur wenigen Jahren hat die geräucherte Bordier-Butter aus Saint Malo in Frankreich geradezu Kultstatus erreicht. Falls Sie keine bekommen, können Sie in Feinkostgeschäften nach geräuchertem Meersalz suchen und Ihre eigene Butter machen. Frische, knackige Radieschen sind im Sommer die perfekte Vorspeise. Dies ist ein Gericht, das irgendwie jedes Gespräch anzuregen scheint.

4 Personen

1 Paket fertiger Blätterteig
50 g Butter (geschmolzen)
Fleur de Sel
100 g ungesalzene Butter (weich)
Geräuchertes Meersalz
1 Bund Radieschen (gewaschen, geputzt)

Den Ofen auf 180 °C (Gas Stufe 4) vorheizen.

Den Blätterteig ausrollen, in lange Streifen schneiden und diese mit der geschmolzenen Butter bestreichen.

Ein Backblech mit Backpapier auslegen. Die Blätterteigstreifen zu lockeren Spiralen drehen und goldbraun backen. Anschließend die Spiralen mit Fleur de Sel bestreuen und abkühlen lassen.

Die weiche Butter mit dem geräucherten Salz verrühren. Dann die Mischung im Kühlschrank bis zur gewünschten Konsistenz fest werden lassen.

Die Radieschen mit der Butter und den Blätterteigspiralen servieren.

CHAMPIGNONS DE PARIS MIT FRISCHEN KRÄUTERN UND PARMESAN

Champignons de Paris sind ein Grundbestandteil jedes französischen Rohkosttellers. Der zarte Geschmack roher Champignons ist immer ein guter Auftakt für ein Essen.

4 Personen

150 g Champignons de Paris (oder normale Champignons)
Schale und Saft von 1 Zitrone
Olivenöl
Frisches Basilikum oder frischer Estragon
Fleur de Sel und weißer Pfeffer
Guter Parmesan

Die Champignons in sehr dünne Scheiben schneiden und auf einem Teller verteilen. Die Zitronenschale darüberstreuen und die Champignons mit dem Zitronensaft und dem Olivenöl beträufeln.

Die Kräuter zerrupfen und über die Pilze streuen, bevor das Ganze mit Salz und Pfeffer abgeschmeckt wird.

Zuletzt mit einem Gemüseschäler etwas Parmesan darüberhobeln.

BIOGEMÜSE

Heutzutage steht frisches Gemüse mehr denn je für Gesundheit auf dem Teller – besonders nach den Lebensmittelskandalen der letzten Jahre. Natürlich haben die Franzosen Gemüse schon immer als Hauptgericht und nicht nur als Beilage zu Fleisch oder Fisch serviert, deshalb werden vegetarische Gerichte in den Speisekarten vieler Restaurants oft auch nicht extra ausgewiesen.

In den letzten Jahren erlebten Gemüsebauern wie Annie Bertin aus Rennes oder Joël Thiébault aus Paris einen geradezu kometenhaften Aufstieg, und mit ihren Waren werden Drei-Sterne-Restaurants in ganz Frankreich beliefert. Annies bleistiftdünne Lauchstangen, ihr Brokkoli, ihr zarter Salat und ihre Kräuter werden aber nicht nur an Restaurants geliefert. Zweimal pro Woche findet man sie von 6 Uhr morgens an ihrem Stand auf dem unglaublich tollen Marché de Lices in Rennes. Von Zeit zu Zeit wärmt sie sich in dem kleinen Café am anderen Ende des Platzes auf. Neben die Kasse legt sie dann einen handgeschriebenen Zettel mit der Aufschrift: „Bezahlen Sie, was Sie können. Legen Sie das Geld in dieses Kästchen."

Joël Thiébaults Stand auf dem schicken Président-Wilson-Markt im 16. Arrondissement in Paris ist eine viel raffiniertere Geschichte. Als passionierter Botaniker bezieht er von überall auf der Welt uralte Gemüsesorten, die er dann in seinem „Garten" westlich von Paris anbaut. Immer wieder sieht man berühmte französische Meisterköche an seinem Stand, wo sie aus 14 verschiedenen Salatsorten oder sechs Sorten Artischocken das Passende heraussuchen bzw. seine neuesten Kräuterentdeckungen bewundern.

Ich habe das große Glück, Joëls Cousin Stéphane auf dem Markt in der Nähe meines Hauses in Saint-Germain-en-Laye zu haben. Die unglaubliche Frische und der Geschmack seines Gemüses machen vieles für mich in der Küche einfacher. Oft muss das Gemüse nur gewaschen und geputzt werden, und dann serviere ich es roh als Salat mit ein wenig gutem Öl, ein paar Tropfen Essig und einer Prise Fleur de Sel. *Vive les légumes!*

SOMMERSALAT IM BROTMANTEL

Dies ist eine viel größere und weit weniger „feuchte" Version des köstlichen *Pan Bagnat*, des berühmten Salat-Niçoise-Sandwichs der Fischer. Das Ganze eignet sich hervorragend für ein Picknick, weil es herzhaft und leicht zu transportieren ist. Und wenn Sie in Frankreich sind, wird Ihr Gastgeber Sie dafür lieben, ein Gericht in einem essbaren Behälter mitzubringen, der immer zur Tischdecke passt.

Wie viele Leute davon satt werden, hängt natürlich von der Größe des Brotlaibs ab. Was das Brot angeht – einen Tag altes Brot lässt sich einfacher aushöhlen, um daraus Croûtons zu machen. Ist das Brot dagegen frisch, wird man eher verleitet, die knusprige Rinde zu essen. Verwenden Sie in jedem Fall verschiedenfarbige Paprikaschoten und Kirschtomaten, damit es hübsch aussieht.

6 Personen

1 großes Landbrot
1 Knoblauchzehe (geschält, halbiert)
Olivenöl
Fleur de Sel und schwarzer Pfeffer (frisch gemahlen)
3 Paprikaschoten (entkernt, in Streifen geschnitten)
20 Kirschtomaten (halbiert)
3 große, reife Tomaten (in Stücke geschnitten)
1 Handvoll Anchovis
Ein paar Handvoll Rucola
3 EL schwarze Oliven (entsteint)
6 sonnengetrocknete Tomaten in Olivenöl (in 2 cm große Stücke geschnitten)
2 EL Weißweinessig

Vom Brot oben einen Deckel abschneiden, der eine so große Öffnung lässt, dass ein entsprechender Vorlegelöffel hineinpasst. Das weiche Innere herauskratzen. Versuchen Sie dabei aber, dieses weitgehend intakt zu lassen, damit Sie später 1–2 cm große Croûtons daraus machen können. Den Brotlaib anschließend innen mit den Knoblauchhälften einreiben.

Etwas Olivenöl in einer großen Pfanne erhitzen und darin die Brotwürfel zusammen mit den Knoblauchhälften goldbraun und knusprig braten. Die Croûtons anschließend auf Küchenpapier abtropfen lassen, danach etwas Fleur de Sel darüberstreuen.

Alle Salatzutaten in eine Schüssel geben und mit etwas Essig und Öl vermischen. Dann die Croûtons darunterrühren und das Ganze in die Brotschüssel füllen.

Falls der Salat noch transportiert werden muss, sollte nicht zu viel Öl hinzugefügt werden. Nachdem der Salat aufgegessen ist, schmeckt das Brot jedoch umso leckerer, je mehr Öl im Salat war.

ZIEGENKÄSE MIT BALSAMICOKARAMELL

Gebratener Ziegenkäse auf Bauernbrot hat sich zu einem echten französischen Klassiker entwickelt. In dieser etwas filigraneren Version ist der Salat weit bedeutender als beim Original, denn ich liebe Salatherzen. Die Sache mit dem Karamell ist im Grunde eine Spielerei, macht aber viel Spaß und ist ideal, wenn Sie sich sehr kreativ fühlen oder Ihre Gäste besonders erfreuen wollen. Es sieht sehr hübsch aus, und der knusprige Essigkaramell passt hervorragend zu dem cremigen Käse und dem frischen Salat.

4 Personen

100 g Zucker
2 EL guter Aceto Balsamico
4 kleine Salatherzen
2 kleine, milde Ziegenkäse (in Scheiben geschnitten)

Den Zucker mit 2 EL Wasser in einen Stieltopf geben und das Ganze langsam erhitzen. Sobald sich der Zucker aufgelöst hat, den Sirup aufkochen und ohne Umrühren etwa 5 Minuten kräftig „blubbern" lassen, bis er anfängt zu karamellisieren. Sobald dies der Fall ist – meist beginnt es an den Rändern –, den Topf hin und her schwenken, damit der Zucker gleichmäßig karamellisiert. Wenn die Masse schön hellbraun ist, den Topf vom Herd nehmen, den Aceto Balsamico hineingießen und Ganze noch einmal schwenken. Achtung, die Mischung wird an diesem Punkt zischen und spritzen! Wenn sie sich ein wenig beruhigt hat, den Essig unter den Karamell rühren. Falls sich Klumpen bilden, den Topf noch einmal auf den Herd stellen.

Die Teller vorbereiten während der Karamell abkühlt.

Die Salatblätter auf den Tellern verteilen und den Ziegenkäse obenauf legen.

Sobald der Karamell noch flüssig, aber schon fest genug ist, um Fäden zu ziehen, einen Holzlöffel nehmen (oder einen Metalllöffel, falls Sie nicht ganz so geschickt sind) und die Fäden kreuz und quer über den Salat und den Käse ziehen.

Das Ganze sofort servieren.

SALAT AUS CHICORÉE, KNOLLENSELLERIE, FELDSALAT, ÄPFELN UND HASELNÜSSEN

Ein französischer Salatklassiker enthält Chicorée, Äpfel und Walnüsse. Bei meiner Version gibt es keine festgelegte Zutatenliste, deshalb können Sie diese ruhig abwandeln, wenn Sie mögen. Sie können gern Dinge weglassen bzw. eine Salatsorte gegen eine andere austauschen. Durch die Knackigkeit der Zutaten schmeckt man sofort alle Vorteile rohen Gemüses. Nach Möglichkeit sollte man ganz frische Haselnüsse verwenden, denn diese werten das Geschmackserlebnis noch auf.

4 Personen

2–3 Chicoreéköpfe
300 g Knollensellerie (geschält, fein geschnitten)
3 Handvoll Feldsalat (sorgfältig gewaschen)
2 grüne Äpfel (geschält, in dünnen Scheiben)
1 gute Handvoll Haselnüsse (geröstet)

FÜR DIE VINAIGRETTE
4–5 EL Olivenöl
1 EL Weißweinessig oder Zitronensaft
Salz und schwarzer Pfeffer (frisch gemahlen)

Zuerst die Vinaigrette zubereiten, indem das Öl mit dem Essig gemischt wird, und das Ganze mit Salz und Pfeffer abschmecken.

Die anderen Zutaten in eine große Schüssel geben und sorgfältig mit der Vinaigrette vermischen. Der Salat schmeckt am besten ganz frisch zubereitet.

BLUTORANGENSALAT MIT ROTEN ZWIEBELN UND SCHWARZEM PFEFFER

Der Rohzustand der Blutorangen wird durch ihre tolle Farbe noch betont, besonders wenn sie – wie hier – einfach in Scheiben serviert werden. In Kombination mit den roten Zwiebeln geben sie eine wunderbare Vorspeise oder auch Beilage zu gegrilltem Fisch oder Huhn ab. Wenn Sie die Orangen gut abschrubben, in sehr dünne Scheiben schneiden und über Nacht in ihrem eigenen Saft einweichen lassen, können Sie sogar auf das Schälen verzichten. Dieser Salat ist es auch wert, ein besonders gutes Olivenöl zu verwenden. Ein paar Tropfen sind völlig ausreichend.

4 Personen

4 reife Blutorangen (geschält, in dünnen Scheiben)
2 mittelgroße rote Zwiebeln (geschält, in feine Ringe geschnitten)
Gutes Olivenöl
Fleur de Sel
Schwarzer Pfeffer (frisch gemahlen)

Zuerst die Orangenscheiben auf einem großen Teller arrangieren, dann die Zwiebelringe darüberlegen. Etwas Olivenöl über den Salat träufeln und mit Fleur de Sel und Pfeffer abschmecken.

Den Salat vor dem Servieren kalt stellen.

LÖWENZAHNSALAT MIT GERÄUCHERTEM SCHINKEN, GEBACKENEM KÜRBIS UND GRANATAPFEL-VINAIGRETTE

Löwenzahn kann man auf vielen Wiesen selbst pflücken, sofern man sicher ist, dass die Wiese nicht von Hunden „besucht" oder mit chemischem Dünger behandelt wurde. Am besten ist es, man wählt die jungen, zarten Blätter und verwendet die gelben Blütenblätter als Dekoration. In Frankreich findet man *Pissenlit* (benannt nach seinen harntreibenden Eigenschaften) so selbstverständlich auf jedem Markt, dass ihn nur wenige Menschen selbst pflücken. In diesem Salat kombinieren wir den leicht bitteren Löwenzahn mit süßem Kürbis, geräuchertem Schinken und einer spritzigen Vinaigrette.

4 Personen

2 Granatäpfel
2 EL Weißweinessig
5–6 EL Olivenöl
Salz und schwarzer Pfeffer (frisch gemahlen)
1 mittelgroßer Gartenkürbis (entkernt, in Spalten geschnitten)
50 g Butter
400 g Löwenzahn (dicke Stängel entfernt)
100 g Pinienkerne (geröstet)
6–8 dünne Scheiben geräucherter Schinken

Die Granatäpfel mit Druck kräftig auf einer festen Unterlage hin- und herrollen, damit sich die Kerne im Inneren lösen. Die Früchte über einer Schüssel halbieren und einen Teil des Saftes herauspressen. Danach die Hälften noch einmal halbieren und das Fruchtfleisch mit einem Löffel herauskratzen. Das Ganze durch ein Sieb gießen, um Kerne und Fruchtsaft voneinander zu trennen. 4–6 EL Granatapfelsaft zusammen mit dem Essig und dem Olivenöl aufschlagen, die Vinaigrette anschließend mit Salz und Pfeffer abschmecken und zunächst beiseitestellen.

Den Ofen auf 180 °C (Gas Stufe 4) vorheizen.

Die Kürbisspalten auf ein Backblech legen und mit Butter bestreichen. Dann das Ganze etwa 25 Minuten backen, bis das Kürbisfleisch weich und goldbraun ist. Die Spalten herausnehmen, etwas Salz darüberstreuen und abkühlen lassen.

Den Löwenzahn in einer großen Schüssel mit den Granatapfelkernen und den Pinienkernen mischen. Den Salat und die Vinaigrette vermengen und mit dem geräucherten Schinken und dem gebackenen Kürbis servieren.

SCHWARZE TRÜFFEL

Einer meiner liebsten Orte auf der ganzen Welt ist Bressac, in der Nähe von Périgueux, im Herzen des Périgord im Südwesten Frankreichs. Es ist eine wunderschöne Gegend, und ich liebe das Haus, in dem ich dort immer wohne. Darin gibt es ein bequemes Sofa, einen großen Kamin und wahrscheinlich die am besten ausgestattete Küche, die ich jemals gesehen habe. In der Küche steht eine wundervoll „gereifte" schwarze gusseiserne Pfanne, in der einfach alles perfekt gelingt. Was würde ich dafür geben, diese Pfanne zu besitzen!

Mein jährlicher Besuch in Bressac trifft immer mit der Trüffelsaison zusammen. Zur richtigen Zeit am richtigen Ort zu sein, damit man die ganz frischen Trüffel, die gerade erst aus der Erde gekommen sind, in die Finger bekommt, ist gar nicht so einfach. Das Angebot ist gering, die Saison ist kurz, und die Ernte ändert sich – je nach Regenmenge und Temperatur – von Woche zu Woche dramatisch. Trüffelbauern sind berühmt-berüchtigt für ihre Geheimnistuerei über ihre Anbaumethoden, und der Schwarzmarkt blüht.

Einst fiel ich bei der Trüffelsuche mit einem Freund auf einen zweifelhaften Bauern herein, der Trüffel, die er von einem Freund oder auf dem Markt gekauft hatte, neben Trüffeleichen wieder eingrub und uns mit seinem Hund dann brav zu diesem Ort führte! Inzwischen kenne ich zum Glück einen ehrlichen Trüffelproduzenten, Monsieur Hugues Martin. Hugues ist Landwirtschaftsingenieur, der seinen normalen Beruf aufgegeben und stattdessen eine 50 ha große „Trüffelplantage" in den Hügeln um Bressac gekauft hat. Für sein Land und die Schätze, die es birgt, hegt er eine große Leidenschaft. Aus Spaß besitzt er noch ein Trüffelschwein, aber sein wirklicher Star ist Slash, ein kleiner temperamentvoller Hund. In der Hauptsaison erschnüffelt Slash etwa alle 3–4 Minuten eine Trüffel. Manchmal sind es minderwertige Brumale, manchmal sind sie noch nicht ganz reif, und manchmal waren die Würmer auch schneller – aber wenn die Trüffel in Ordnung sind, dann sind sie von außerordentlicher Qualität. Nichts übertrifft ein Omelette oder Risotto aus der wundervollen gusseisernen Pfanne mit Trüffeln, die kurz zuvor noch in der Erde waren.

... O.P. Sainte-Foy de Longas. (F) 24510
TRUFFE DU PERIGORD
Entière, Cat 1, Première cuiss...
...le entière, origine Périgord, eau, sel,
...iron 10 g de truffe. et 10 g de jus de t...

TRÜFFELSANDWICHES

Diese Zubereitungsart ist vielleicht nicht gerade das Erste, was einem einfällt, wenn man an Trüffel denkt. Mal abgesehen davon, sie pur zu essen, scheint mir dies aber die beste Möglichkeit zu sein, ihren berauschenden Geruch und Geschmack auszukosten. Es dauert eine ganze Weile, bis sich ihr Aroma voll entwickelt, deshalb sollte man sich schon einmal auf einen nach Trüffel riechenden Kühlschrank einstellen. Mir macht das nichts aus – ganz im Gegenteil, es ist ein Teil des Genusses. Meine Kinder hingegen sind den Freuden des Pilzes noch nicht erlegen und hassen den Geruch, der den halben Januar über unser Haus erfüllt.

Ich würde diese kleinen Sandwiches als Teil eines ganzen Trüffelmahls servieren, z. B. als Vorspeise zu Rührei oder Risotto mit Trüffeln. Trüffel haben es einfach verdient, in den Mittelpunkt gestellt zu werden.

4 Personen

1 frische schwarze Trüffel, ca. 30 g
4 Scheiben weiches Weißbrot
50 g sehr gute gesalzene Butter (weich)
Fleur de Sel

Die Trüffel mit einem Trüffelhobel in sehr feine Scheiben schneiden.

Das Brot mit Butter bestreichen und mit den Trüffelscheiben Sandwiches daraus machen. Die Sandwiches sehr fest in Frischhaltefolie wickeln und sie 2 Tage in den Kühlschrank stellen.

Unmittelbar vor dem Servieren die Sandwiches aus dem Kühlschrank nehmen und in etwas Butter auf beiden Seiten goldbraun anbraten.

Die Sandwiches in kleine Dreiecke schneiden, etwas Fleur de Sel darüberstreuen und das Ganze sofort servieren.

TAPENADE UND ANCHOÏADE

Dies sind die idealen Vorspeisen für ein sonniges Sommermahl im Freien. Was würde zu einem schönen Glas Rosé aus der Provence oder einem Pastis besser schmecken? Beide provenzalischen Spezialitäten sind ziemlich knoblauchhaltig, intensiv und werden Sie dazu verführen, Berge von rohem Gemüse dazu zu verzehren. Von beiden Pasten gibt es unzählige Varianten: Manchmal steuert die Anchoïade eher in Richtung *Bagna Cauda*, bei der das Olivenöl erwärmt wird; manchmal schleichen sich Mandeln und grüne Oliven in die Tapenade. Wie bei jedem Rezept ist die exakte Kopie des Originalrezepts nicht so wichtig wie der Geschmack! Meine Anweisungen können Sie lediglich als Anhaltspunkte nehmen. Achten Sie einfach immer auf gute, frische Zutaten und geben Sie Ihren Kreationen neue Namen!

6 Personen

TAPENADE
250 g schwarze Oliven (entsteint)
1 Knoblauchzehe (geschält)
25 g Kapern
50 g Anchovis
2–3 EL Olivenöl

ANCHOÏADE
250 g Anchovis (wenn nur gesalzene verfügbar sind, müssen diese vorher gründlich abgespült werden)
1 Knoblauchzehe (geschält)
Salz und schwarzer Pfeffer (frisch gemahlen)
2–3 EL Olivenöl

Die Zutaten für jedes Rezept mit einem Pürierstab zu einer glatten Paste verrühren.

Rohe Karotten, Paprika, Tomaten und Radieschen in mundgerechte Happen schneiden und dazu servieren.

PÉRIGORD-ERDBEEREN MIT MINZZUCKER UND SÜSSER WEINSAHNE

Das Périgord ist nicht nur für seine Enten, Gänse und Walnüsse, sondern auch für seine Erdbeeren berühmt. Der leichte, fruchtbare Boden, die Temperaturen und die vielen Sonnenstunden sorgen für die besten Erdbeeren Frankreichs. Die erste Sorte, die im späten April reift, ist die Gariguette, eine leuchtend rote, längliche Frucht mit festem, saftigem Fleisch. Sie schmeckt nach Frühling und macht es einem leicht, die fade spanische Konkurrenz links liegen zu lassen, die ab Ende März meinen Supermarkt überfällt. Sind die Erdbeeren wirklich gut, kann man den Minzzucker problemlos weglassen, obwohl das Ganze sehr hübsch aussieht. Ich empfehle, die Sahne mit einem Schuss Dessertwein aufzupeppen, bevor Sie sie mit den Erdbeeren gut gekühlt servieren.

4 Personen

400 g reife, süße Erdbeeren (es eignet sich jede Erdbeersorte, sofern die Qualität stimmt)
250 ml Schlagsahne
1–2 EL Puderzucker
4 EL Streuzucker
1 Spritzer süßer Wein, z. B. Muscat, Sauternes, Jurançon
Eine Handvoll frischer Minzblätter (gehackt)

Die Erdbeeren waschen, die Stiele entfernen und die Früchte in dünne Scheiben schneiden. Diese auf einen großen Teller legen, mit Frischhaltefolie abdecken und in den Kühlschrank stellen.

Die Sahne mit dem Puderzucker und etwas süßem Wein steif schlagen.

Kurz vor dem Servieren die Minzblätter mit dem Streuzucker verrühren und den Minzzucker anschließend über die Erdbeeren streuen. Das Ganze mit der Weinsahne servieren.

WASSERMELONENGAZPACHO

Ich weiß, dieses Rezept hört sich nicht sehr französisch an, aber es ist eine wunderbar gesunde, erfrischende Suppe, die nach einem langen Tag in der Sonne geradezu ideal ist. Meiner Meinung nach bildet die süße Wassermelone einen wundervollen geschmacklichen Kontrast zum Gemüse. Dadurch, dass man den üblichen Knoblauch weglässt, ist die Suppe auch wesentlich leichter verdaulich.

4 Personen

Fruchtfleisch von 1 mittelgroßen Wassermelone (ideal wäre eine kernlose)
Saft von 2 Limonen
1 Gurke (geschält, fein gewürfelt)
1 rote oder gelbe Paprikaschote (oder je eine kleine, entkernt, fein gewürfelt)
1 kleine, rote Zwiebel (geschält, fein gewürfelt)
Salz und schwarzer Pfeffer (frisch gemahlen)
Olivenöl
Glattblättrige Petersilie und frischer Koriander

Die Wassermelone mit dem Limonensaft pürieren.

Das gewürfelte Gemüse hinzugeben und das Ganze kalt stellen, idealerweise über Nacht. Falls die Suppe schneller kalt werden muss, am besten Eiswürfel verwenden.

Die Suppe mit Salz und Pfeffer abschmecken, etwas Olivenöl darüberträufeln und alles mit den zerrupften Kräutern garnieren.

Moulin
de Rimou
Farine de Blé

Blanche
Pâtisserie
type 65

Poids net
1kg

Mouture
à la meule de pierre

LA GRANDE
EPICERIE PARIS

QUINOA

AB

CARAMEL LIQUIDE
Au Beurre Salé

Poids net:
500g

Maison Vital Ainé

Galettes Fines
VÉRITABLES SABLÉS NORMANDS

POIDS NET 500 g

Chocolat noir au Citron et à la Bergamote

POUR CROQUER
POUR CROQUER
POUR CROQUER

dessert   Chocolat supérieur à 64% de cacao

Morilles

MENTHE
POIVRÉE
Mentha piperata
feuille

Argania
La Maison
de l'Arganier
HUILE

RIZ

Sauce tomate
au basilic
325g

Coulis
poire
sirop
poivré

In meiner Landküche hatte ich eine richtige Speisekammer: einen kleinen, engen, nach Norden ausgerichteten Raum, der nur einen schmalen Schlitz nach außen zur Belüftung hatte. Dieser war mit Maschendraht abgesichert, damit keine Mäuse hineingelangen konnten. Innen war der Raum vom Boden bis zur Decke mit Regalen vollgestellt. Es war mein liebster Raum im gesamten Haus. Die Reihen von Töpfen und Päckchen mit Kräutern, Gewürzen und Würsten stellten mir immer eine breite Palette an Aromen zur Verfügung. Die großen Einmachgläser mit Kirschen, Pflaumen und Kompotten weckten Erinnerungen an den Sommer und boten gleichzeitig die Grundlage für schnelle Wintergerichte. In der Speisekammer hob ich auch immer eine ganze Reihe leerer Gläser in allen möglichen Größen und Formen auf, um darin Konfitüre einzukochen. Der Raum duftete nach Äpfeln, Vanille, Kartoffeln und Kerzenwachs. Die Temperatur blieb immer gleich, und ich fand darin immer die Lösung für jedes kulinarische Problem, das sich in meiner hellen, geschäftigen Küche auf der anderen Seite der Wand auftat. Ich ging einfach in die Speisekammer, schloss die Tür, dachte nach und fand eine Lösung, auch wenn ich mit leeren Händen wieder herauskam.

Eine Speisekammer muss aber kein ganzes Zimmer einnehmen. Selbst ein einziges Fach im Schrank tut es, und wenn Sie es gezielt füllen, haben Sie immer die Grundlagen für eine gute Mahlzeit im Haus. In einer typisch französischen Speisekammer findet man grüne Puy-Linsen als Beilage zu Würsten oder um daraus Suppe zu kochen, gute Eiernudeln aus Savoyen, gutes Olivenöl, Pinienkerne, getrocknete Pilze, Tomatenmark und Brühwürfel, Obstkonserven, Baisers und Löffelbiskuit als Puddingeinlage, Buchweizenmehl für Pfannkuchen, Vanillezucker für Crêpes ... Allein das Wissen, dass all das zur Verfügung steht, macht einen gleich zu einem selbstbewussteren Koch.

Für die Rezepte in diesem Kapitel müssen Sie entweder in der Speisekammer oder im Vorratsschrank nachsehen oder Sie können damit all die leeren Gläser und Töpfe füllen, die Sie aufgehoben haben. Die wenigen Zutaten, die zusätzlich besorgt werden müssen, sind überall problemlos erhältlich. Darüber hinaus liefern sie die eine oder andere gute Ausrede dafür, sich beim nächsten Frankreichurlaub so richtig einzudecken, und viele Ideen für den nächsten Einkauf in der französischen Abteilung eines Feinkostgeschäfts.

AUS DER SPEISEKAMMER

GUTE BRÜHE

Eine gute Brühe ist Ausgangspunkt und Grundlage des Geschmacks vieler Gerichte. Man sollte immer ein wenig Brühe im Tiefkühlfach haben. Mit diesen vier Varianten – Fisch-, Gemüse-, Hühner- und Rinderbrühe – müssen Sie nie wieder zu Brühwürfeln greifen.

FISCHBRÜHE

Ergibt etwa 1,5 l

Olivenöl
2 mittelgroße Zwiebeln (geschält, halbiert)
1 Lauchstange (nur das Weiße, gewaschen, geschnitten)
1 Selleriestange (geschnitten)
2 Knoblauchzehen (geschält)
250 ml Weißwein
6 weiße Pfefferkörner
1 Lorbeerblatt
1 Zweig frischer Thymian
1,5 kg Weißfischkarkassen (gewaschen)
1 kleine Zitrone (in Scheiben)

Das Olivenöl in einem großen Topf erhitzen und darin die Zwiebeln, den Lauch, den Sellerie und den Knoblauch anschwitzen, bis sie weich, aber nicht braun sind.

Den Weißwein hineingießen, gut umrühren und das Ganze aufkochen lassen. Anschließend alles etwa 5 Minuten köcheln lassen, bis ein dickflüssiger Sirup entsteht.

Die Pfefferkörner, das Lorbeerblatt, den Thymian, die Fischkarkassen und die Zitronenscheiben hinzugeben und alles mit kaltem Wasser bedecken (je nach Topfgröße etwa 2–3 l). Nun die Mischung aufkochen lassen. Alle Unreinheiten von der Oberfläche abschöpfen und die Brühe etwa 20 Minuten köcheln lassen.

Die Flüssigkeit abkühlen lassen und anschließend durch ein feines Sieb gießen.

Falls die Brühe nicht sofort benötigt wird, hält sie sich im Kühlschrank gut 2 Tage. Alternativ lässt sie sich auch hervorragend portionsweise einfrieren.

GEMÜSEBRÜHE

Ergibt etwa 1,5 l

4 Karotten (geschält, grob geschnitten)
2 Zwiebeln (geschält, gehackt)
2 Selleriestangen (geschnitten)
1 Lauchstange (nur das Weiße, gewaschen, geschnitten)
2 Knoblauchzehen (geschält)
Frische Kräuter (z. B. Petersilie, Kerbel, Schnittlauch, Basilikum)
250 ml Weißwein (wahlweise)
6 weiße Pfefferkörner

Das Gemüse mit dem Knoblauch, den Kräutern und den Pfefferkörnern in einen großen Topf geben. Gegebenenfalls den Wein hineingießen und alles mit kaltem Wasser bedecken (je nach Topfgröße etwa 2–3 l). Die Mischung aufkochen und anschließend etwa 20 Minuten köcheln lassen.

Die Flüssigkeit abkühlen lassen, anschließend durch ein feines Sieb gießen.

Falls die Brühe nicht sofort benötigt wird, hält sie sich im Kühlschrank gut 2 Tage. Alternativ lässt sie sich auch hervorragend portionsweise einfrieren.

HÜHNERBRÜHE

Ergibt etwa 1,5 l

2 kg Hühnerkarkassen
Olivenöl oder Gänsefett
2 Selleriestangen (geschnitten)
1 Lauchstange (nur das Weiße, gewaschen, geschnitten)
1 Zwiebel (geschält, gehackt)
1 Knoblauchzehe (geschält)
1 Lorbeerblatt
1 Zweig frischer Thymian

Den Ofen auf 190 °C (Gas Stufe 5) vorheizen.

Die Hühnerkarkassen mit dem Olivenöl oder dem Gänsefett in einen Bräter geben und 20 Minuten im Ofen braten, bis sie goldbraun sind.

Den Bräter aus dem Ofen nehmen und das Ganze mit 250 ml Wasser ablöschen. Gut umrühren, damit sich der Bodensatz löst. Die Karkassen und den Bratensaft nun zusammen mit dem Gemüse, dem Knoblauch und den Kräutern in einen großen Topf geben und alles mit kaltem Wasser bedecken (je nach Topfgröße etwa 2–3 l).

Auf dem Herd aufkochen und anschließend 3–4 Stunden köcheln lassen.

Die Karkassen entfernen durch ein feines Sieb gießen und abkühlen lassen.

Falls die Brühe nicht sofort benötigt wird, hält sie sich im Kühlschrank gut 2 Tage. Alternativ lässt sie sich auch hervorragend portionsweise einfrieren.

RINDERBRÜHE

Ergibt etwa 1,5 l

2 kg Rinderknochen
Olivenöl oder Gänsefett
2 Zwiebeln (geschält, gehackt)
2 Karotten (grob geschnitten)
2 Selleriestangen (geschnitten)
1 Knoblauchzehe (geschält)
1 Zweig frischer Thymian
1 Lorbeerblatt

Den Ofen auf 190 °C (Gas Stufe 5) vorheizen.

Die Rinderknochen mit dem Olivenöl oder dem Gänsefett in einen Bräter geben und 20 Minuten im Ofen braten, bis sie goldbraun sind.

Etwas Olivenöl oder Gänsefett in einem großen Topf auf dem Herd erhitzen und das Gemüse und den Knoblauch darin leicht anbraten. Die Knochen hinzufügen und alles mit kaltem Wasser bedecken (je nach Topfgröße etwa 2–3 l).

Alles knapp aufkochen lassen und sämtliche Unreinheiten von der Oberfläche abschöpfen. Den Thymian und das Lorbeerblatt hinzugeben und das Ganze anschließend 5–6 Stunden köcheln lassen. Etwas Wasser nachgießen, wenn die Knochen und das Gemüse nicht mehr vollständig bedeckt sind.

Die Flüssigkeit durch ein feines Sieb gießen und abkühlen lassen.

Falls die Brühe nicht sofort benötigt wird, hält sie sich im Kühlschrank gut 2 Tage. Alternativ lässt sie sich auch hervorragend portionsweise einfrieren.

LINSENSUPPE

Dies ist ein wunderbares Gericht zum Aufwärmen, aber vor allem mit Toulouse-Würsten, Entenconfit oder einigen Scheiben Speck darin ergibt sie eine wahrlich herzhafte Mahlzeit. Wenn es irgendwie geht, sollte man unbedingt Puy-Linsen verwenden. Diese kleinen, moosgrünen Hülsenfrüchte sind die besten Frankreichs. Sie haben einen delikaten, fast süßlichen Geschmack und enthalten viele Mineralstoffe. Puy-Linsen werden in der Haute-Loire in der Nähe Lyons angebaut und dort durch die Berge vor zu viel Regen geschützt. Die Franzosen nehmen sie sehr ernst; es gibt sogar eine „Bruderschaft der Linsen", in der man für seine Bemühungen um die grünen Hülsenfrüchte zum Ritter geschlagen werden kann. Die Linsen sind ein unverzichtbarer Bestandteil einer Speisekammer.

4 Personen

200 g Puy-Linsen
1 Karotte (geschält, grob geschnitten)
1 mittelgroße Zwiebel (geschält, mit 1–2 Nelken gespickt)
1 kleiner Bund glattblättrige Petersilie (grob gehackt)
1 Zweig frischer Thymian
1 kleines Lorbeerblatt
Salz und schwarzer Pfeffer (frisch gemahlen)
150 g Sahne

Die Linsen in einem Topf mit kaltem Wasser bedecken und aufkochen lassen. Sobald das Wasser kocht, die Linsen abgießen.

Nun zusammen mit der Karotte, der Zwiebel, den Kräutern sowie etwas Salz und Pfeffer zurück in den Topf geben. Alles wieder mit Wasser bedecken, aufkochen und anschließend 25 Minuten köcheln lassen.

Sind die Linsen weich, die Kräuter entfernen und den Rest pürieren. Falls die Suppe zu dick ist, einfach etwas Wasser hinzugeben.

Vor dem Servieren sorgfältig die Sahne unterrühren.

FISCHSUPPE MIT ROUILLE & CROÛTONS

Fischsuppe kann man ohne schlechtes Gewissen auch im Glas kaufen. Genau wie bei gutem Aufschnitt oder Kuchen halten viele Franzosen es ohnehin für ein bisschen verrückt, sich so viel Mühe zu machen, wenn Experten das Ganze für einen doch bereits erledigt haben.

Aber wenn man nur das Glas mit der Suppe öffnet, sollte man am Drumherum nicht sparen. Diese wunderbare Vorspeise (oder als Hauptgericht mit einem Salat vorweg) verdient eine perfekte Rouille und goldbraune Käsecroûtons.

4 Personen

4 Knoblauchzehen (geschält)
1 Eigelb
Saft von 2 Zitronen
1 gute Prise Safranfäden
250 ml Olivenöl, plus etwas extra
200 ml Sonnenblumenöl
Salz und schwarzer Pfeffer (frisch gemahlen)
1 Baguette
150 g guter Gruyère, Beaufort oder sehr guter Cheddar (gerieben)
1,5 l Fischsuppe (aus dem Glas)

Den Knoblauch pressen, dann das Eigelb, den Zitronensaft und den Safran hinzugeben und alles noch einmal durchmischen. Anschließend unter ständigem Rühren ganz langsam die Öle hinzugießen, bis die Masse die Konsistenz von Mayonnaise hat.

Man kann die Rouille natürlich auch von Hand mit Mörser und Stößel zubereiten. Das ist anstrengend, aber auch sehr befriedigend, wenn einem das herzhafte Aroma in die Nase steigt.

Für die Croûtons den Backofengrill vorheizen. Dann das Baguette in 1 cm dicke Scheiben schneiden. Diese auf einem Backblech verteilen, mit Olivenöl beträufeln und den Käse darüberstreuen. Die Scheiben grillen, bis der Käse Blasen wirft.

Die Suppe in einem Topf erwärmen und dazu die Rouille und die Croûtons servieren.

HÜHNCHEN »YASSA«

Verzaubert von einer Reise in den Senegal, eine ehemalige französische Kolonie, kochten Freunde dieses Gericht für mich. Es existiert in unzähligen Varianten, und ist vielleicht eines der populärsten senegalesischen Gerichte überhaupt.

4–6 Personen

6 Zwiebeln (grob gehackt)
10 cm frischer Ingwer (geschält, gehackt)
1 Freilandhuhn, etwa 2 kg (in Stücke geschnitten)
120 ml Erdnussöl
8 EL Zitronensaft
8 EL Cidreessig
1 Lorbeerblatt
4 Knoblauchzehen
2 EL Dijonsenf
1 Chilischote (wahlweise; entkernt, fein gewürfelt)
Cayennepfeffer oder Paprika
Salz und schwarzer Pfeffer (frisch gemahlen)
Öl zum Braten
1 kleiner Weißkohlkopf (geschnitten)
2 Karotten (geschält, grob geschnitten)
300 ml Hühnerbrühe

In einer großen Schüssel alle Zutaten außer dem Kohl, den Karotten und der Brühe mischen, den Topf mit Frischhaltefolie abdecken und einige Stunden bzw. über Nacht in den Kühlschrank stellen.

Am nächsten Tag das Huhn aus der Marinade nehmen und diese erst einmal beiseitestellen. Das Huhn im heißen Öl von allen Seiten gut anbraten. Die Zwiebeln aus der Marinade sortieren und ebenfalls in heißem Öl in einem großen Topf sautieren. Dann die restliche Marinade, den Kohl, die Karotten und die Brühe hinzugeben. Das Ganze aufkochen und etwa 10 Minuten köcheln lassen.

Die Hitze reduzieren, das Huhn in den Topf legen und alles zugedeckt köcheln lassen, bis das Fleisch gar ist.

Als Beilage passt dazu am besten Reis.

NIERCHEN MIT SENFSAUCE UND SELLERIEPÜREE

Senf ist ein Muss in jeder Speisekammer, und er passt hervorragend zu Leber oder Nieren. Der berühmteste französische Senf stammt aus Dijon. Er ist traditionell glatt und eignet sich gut für Schweinefleisch, Kalbfleisch oder Steaks. Für dieses Rezept würde ich hingegen eher einen körnigen Senf wählen, damit die Nierchen ein wenig „Biss" bekommen. Sie können auch durch Leber, Koteletts oder Rindfleisch ersetzt werden.

4 Personen

6 Rinder-, Kalbs- oder Lammnieren (halbiert)
1 kg Knollensellerie (geschält, geschnitten)
Salz und schwarzer Pfeffer (frisch gemahlen)
75 g Butter
Olivenöl
250 ml Sahne
1 EL körniger Senf

Die Nierchen etwa 30 Minuten in kaltem Wasser einweichen.

Den Sellerie in leicht gesalzenem Wasser 25 Minuten kochen. Wenn er weich ist, mit Butter pürieren und abschmecken.

Die Nierchen mit Küchenpapier trocken tupfen. Etwas Olivenöl erhitzen und das Fleisch darin bei mittlerer Hitze 12–15 Minuten braten, je nach gewünschter Konsistenz.

Die Sahne in die Pfanne gießen und gut umrühren, damit sich der Bodensatz löst.

Den Senf hinzufügen und weiterrühren, bis die Nierchen mit der Sauce bedeckt sind.

Die Nierchen mit dem Selleriepüree und der Sauce servieren.

OFFENE PILZRAVIOLI

4 Personen

50 g Butter
100 g gefrorene Mischpilze bzw. 1 Handvoll eingeweichte Trockenpilze
Ein paar frische Salbeiblätter (zerrupft)
350 ml Sahne
150 g Gänseleberpastete (wahlweise)
8 Lasagneblätter
Salz, schwarzer Pfeffer, frisch gemahlen

Bei diesem Rezept habe ich den Begriff „Speisekammer" auf meinen Gefrierschrank ausgeweitet, weil mein Lieblingsgeschäft für Tiefkühlware so wundervolle tiefgefrorene Pilze führt. Von Morcheln über Pfifferlinge und Steinpilze bis hin zu Champignons de Paris findet man dort alles. Natürlich sind gefrorene Pilze etwas schleimiger und feuchter als frische, aber man erspart sich das langwierige Waschen und Putzen, und sie enthalten noch einen Großteil ihres Aromas. Außerdem sind sie als rasche Suppen- oder Eintopfeinlage äußerst nützlich. Sie können auch getrocknete Pilze verwenden, die allerdings vorher eingeweicht werden müssen. In einer gut sortierten Speisekammer dürfen sie nicht fehlen.

Die Hälfte der Butter in einer Pfanne schmelzen und dann die Pilze und den Salbei hinzugeben. Das Ganze schön anbräunen lassen (bei eingeweichten Trockenpilzen dauert das etwas länger).

Die Sahne in die Pfanne gießen und alles gut verrühren.

Falls Sie die Gänseleberpastete verwenden, diese nun unterrühren, bis sie sich mehr oder weniger aufgelöst hat.

Die Lasagneblätter in Salzwasser bissfest kochen. Ein Blatt auf jeden Teller legen und die Pilzmischung in der Mitte der Blätter verteilen. Dann ein zweites Lasagneblatt darüberdecken und das obere Blatt von der Mitte aus kreuzförmig in jede Richtung bis 5 cm vor dem Rand einschneiden und zu den Außenseiten hochklappen, sodass eine große, „offene" Ravioli entsteht.

Ein wenig Pilzmischung darüberlöffeln und das Ganze sofort servieren.

3-STERNE-MAKKARONIGRATIN

In Frankreich sind Makkaroni mit Käse eine ganz simple Angelegenheit: Übrig gebliebene Makkaroni werden mit ein bisschen Sahne aufgewärmt und mit Käse bestreut. Dieses Rezept hier ist jedoch nicht irgendein Makkaroni-und-Käse-Rezept. Es ist Paul Bocuses Makkaroni-und-Käse-Rezept! Bocuse ist einer der bekanntesten, am meisten bewunderten und ausdauerndsten (er ist über 80 Jahre alt) Starköche Frankreichs. Er stammt aus einer langen Reihe von Köchen, die sich bis ins 17. Jahrhundert zurückverfolgen lässt, und lernte bei den Kochlegenden Lucas Carton und Eugénie Brazier. Sein Restaurant »L'Auberge de Collonges« hält seit 1965 drei Michelinsterne! In seiner Einführung zu dieser unglaublich gehaltvollen Version des Gerichts – die großen, schwarzen Trüffel, die er verwendet, habe ich lieber gleich weggelassen – muss er widerwillig eingestehen, dass die Italiener die Pasta erfunden haben. Im gleichen Atemzug erinnert er uns aber daran, dass es selbst den Römern nicht gelungen sei, aus der Sahne und der Butter in der Sauce Lyonnaise Olivenöl zu machen.

6 Personen

300 g Makkaroni
Salz
100 g Butter
50 g Mehl (gesiebt)
500 ml Vollmilch
Schwarzer Pfeffer (frisch gemahlen)
Muskatnuss
150 ml Sahne
150 g Beaufort (in dünne Späne gehobelt)
1 Stückchen Butter
50 g Parmesan (gerieben)

Den Ofen auf 200 °C (Gas Stufe 6) vorheizen.

Die Makkaroni in Salzwasser bissfest kochen.

Während die Nudeln kochen, eine Béchamelsauce zubereiten. Dafür die Butter in einem Topf schmelzen und dann das Mehl hineingeben. Die Mischung 1–2 Minuten mit einem Holzlöffel umrühren, dann die Milch hineingießen und die Sauce mit Salz, Pfeffer und etwas Muskatnuss abschmecken. Das Ganze unter ständigem Rühren aufkochen lassen.

Die Sahne und den Großteil des Beaufort in die Sauce geben und alles sanft köcheln lassen, bis der Käse geschmolzen ist.

Eine Auflaufform mit Butter einfetten. Nun abwechselnd die Nudeln und die Käsesauce hineinschichten. Die letzte Schicht sollte aus Sauce bestehen. Den Rest des Beaufort und den Parmesan darüberstreuen.

Das Gratin im Ofen etwa 15 Minuten backen, bis der Käse goldbraun ist.

LUXURIÖSER SCHICHTAUFLAUF

Bei diesem französischen Auflauf werden traditionell die Gemüse-
und Rindfleischreste eines Pot-au-feu verbraucht. Da das Gericht
aber so vielseitig und variabel ist, kann man ruhig ein bisschen
mit den Zutaten experimentieren. Im Grunde genommen können
Sie hineingeben, was Ihnen schmeckt. Ich verwende hier z. B.
Entenconfit, eine weitere Basiszutat aus meiner Speisekammer.

6–8 Personen

6 eingelegte Entenkeulen (Entenconfit)
25 g Butter
Olivenöl
2 Schalotten (geschält, fein gehackt)
1 Knoblauchzehe (geschält, fein gehackt)
220 g gemischte Waldpilze oder Shitake-Pilze
500 g Kartoffeln (geschält, gekocht, zerstampft)
500 g Süßkartoffeln (geschält, gekocht, zerstampft)

Die Entenkeulen mit dem Fett vorsichtig in einem Topf erhitzen.
Die Keulen herausnehmen und das Fleisch von den Knochen lösen
(die Fleischstücke sollten nicht zu klein sein).

Nun die Butter in einer Pfanne schmelzen und darin die Schalotten
und den Knoblauch glasig anschwitzen, ohne sie zu bräunen.

Die Pilze hinzugeben, goldbraun und leicht knusprig braten. Das
Ganze beiseitestellen.

Nun die Zutaten wie folgt in eine große Auflaufform schichten:
unten das Fleisch, dann das Kartoffel- und Süßkartoffelpüree und
obenauf die Pilzmischung.

Sind alle Zutaten noch schön warm, das Gericht am besten sofort
servieren. Ansonsten die Form mit Frischhaltefolie abdecken und
das Ganze später im Ofen wieder aufwärmen.

SEL DE GUÉRANDE

Seit Jahrhunderten wird im Schwemmland rund um die wundervolle mittelalterliche Stadt Guérande in der Bretagne ein qualitativ sehr hochwertiges, feuchtes Meersalz produziert, das randvoll mit Mineralien ist. Die gesamte Stadt ist von Salzebenen umgeben, die zusätzlich wunderbare Naturschutzgebiete und Rückzugsorte für die unglaublichsten Vögel sind.

In Guérande und an ähnlichen Orten in ganz Frankreich werden zwei Arten von Salz produziert. Gros sel ist unraffiniert und daher leicht grau gefärbt, weil es noch den Lehm aus den Salzbecken enthält. Es hat einen wunderbaren, leicht algigen Geschmack und enthält viel weniger Sodium als raffiniertes Salz. Mein Designer-Salzstreuer wurde zu Hause bereits vor langer Zeit durch ein robustes Fässchen mit den feuchten, unregelmäßigen Kristallen des Gros sel Guérandais ersetzt. Es ist ein ganz einfaches, aber nahezu unverzichtbares Gewürz für Gerichte wie Rindfleisch-Pot-au-feu oder Eintöpfe, in denen das kräftige Knacken der Salzkristalle wunderbar mit dem zart schmelzenden Fleisch und Gemüse harmoniert. Dieses Salz enthält weder Chemikalien noch Konservierungsstoffe und verleiht jedem Bissen eine ganz persönliche Note.

Die Crème de la crème des Salzes ist jedoch Fleur de Sel, die „Salzblüte". Es wird von der Oberfläche der Salzbecken, an der es eine zarte Kruste bildet, abgeschöpft und ist in letzter Zeit extrem in Mode gekommen. Da immer öfter roher Fisch und Gemüse serviert werden, stellen ein wenig Fleur de Sel und etwas Zitronensaft sowohl ein Gewürz als auch eine Zubereitungsmethode dar. In Restaurants oder bei trendbewussten Freunden findet man immer öfter kleine Töpfchen Fleur de Sel auf dem Tisch.

In Guérande schmeckt das Fleur de Sel ein wenig nach Veilchen, hat eine feuchte, blätterteigartige Konsistenz und wirkt weniger salzig als Tafelsalz. Sein zartes Aroma macht es zum perfekten *exhausseur de goût* (Geschmacksverstärker) für Herzhaftes, aber auch für Süßes. Ja, Sie haben richtig gelesen, ich sagte „Süßes"! Pierre Hermé, der weltbekannte französische Konditor, besteht darauf, dass „Salz die wichtigste Beigabe für Zucker ist". In all seinen Torten, Kuchen, Schokoladen, Makronen und Sahnebonbons ist ein Hauch Fleur de Sel verborgen. Ein Salzkristall in einem Stück Kuchen oder einem Butterkeks macht das Gebäck zu etwas Besonderem.

Ich selbst verwende überhaupt kein Tafelsalz mehr. All meine Salzbedürfnisse werden durch die zarten Kristalle aus Guérande abgedeckt.

BUCHWEIZENCRÊPES

In diese rustikalen Crêpes werden Eier, Schinken und Käse gewickelt, wenn man sich in einer bretonischen Crêperie etwas von der herzhaften Seite der Speisekarte aussucht. Das graue, körnige Buchweizenmehl verleiht den Pfannkuchen eine etwas gröbere Konsistenz und einen herzhafteren Geschmack, der in wunderbarem Kontrast zum Weißmehl der süßen Variante steht. Es ist aber sehr wichtig, den Teig über Nacht ruhen zu lassen, damit die Stärke aufgehen kann und das Ganze leichter und luftiger wird.

6 Personen

3 Eier
350 ml Wasser
150 g Buchweizenmehl
Salz und schwarzer Pfeffer (frisch gemahlen)

Die Eier sorgfältig mit dem Wasser verquirlen.

Anschließend das Mehl sowie das Salz und den Pfeffer in die Mischung sieben.

Alles verrühren, die Schüssel mit Frischhaltefolie abdecken und das Ganze über Nacht in den Kühlschrank stellen.

Eine große, beschichtete Pfanne bei mittlerer Hitze erhitzen. Ist sie heiß, 60 g Teig in die Mitte geben und die Pfanne hin- und herschwenken, damit sich die Masse dünn verteilt.

Den Teig etwa 2 Minuten backen, bis er leicht gebräunt ist, dann den Crêpe wenden und die andere Seite ebenfalls 2 Minuten backen.

Die fertigen Crêpes warm halten, es sei denn, sie sollen direkt einzeln an die Gäste verteilt werden.

ROTE-ZWIEBEL-MARMELADE

Rote Zwiebeln sind durch ihre Süße und ihre kräftige Farbe wunderbare Zutaten. Roh verleihen sie Kraut- und anderen Salaten eine besondere Note, ohne dabei scharf zu sein. Mit einigen Gewürzen und etwas Wein oder Essig gekocht, bilden sie eine gute Grundlage für Eintöpfe und Suppen. In Frankreich sind frische rote Zwiebeln von Juni bis März erhältlich, sodass man genug Zeit hat, seine Speisekammer mit Chutneys und herzhaften Marmeladen zu füllen. Dieses vielseitige Rezept passt gut zu gegrilltem Fleisch und Fisch, als Unterlage für kleine Ziegenkäsetörtchen oder einfach als Beilage zu gutem Käse.

Für 5–6 Gläser

300 g Sultaninen
150 ml Olivenöl
2 kg rote Zwiebeln (geschält, geschnitten)
300 g Zucker
600 ml Rotwein
6 EL Aceto Balsamico
6 EL Crème de Cassis
Salz und schwarzer Pfeffer (frisch gemahlen)

Die Sultaninen 30–40 Minuten in warmem Wasser einweichen.

Das Olivenöl erhitzen und die Zwiebeln 10–15 Minuten anschwitzen, bis sie weich sind, dann den Zucker hinzugeben. Gut umrühren und das Ganze köcheln lassen, bis der Zucker schmilzt und die Zwiebeln karamellisieren.

Die Sultaninen abgießen und mit dem Wein, dem Essig und der Crème de Cassis zu den Zwiebeln geben. Alles 25–30 Minuten köcheln lassen, bis die Flüssigkeit vollständig eingekocht und die Marmelade dick und klebrig ist.

Alles mit Salz und Pfeffer abschmecken. Die Marmelade anschließend in saubere Einmachgläser füllen, diese sofort verschließen und einige Minuten auf den Kopf stellen.

EINGEMACHTE KIRSCHEN

Obwohl die Franzosen insgesamt nicht so wild auf Eingemachtes oder Chutneys sind, ist dies vielleicht die beliebteste herzhafte Konserve. Sie passt hervorragend zu einer rustikalen Schweinefleischpastete, zu kaltem Rindfleisch oder zu Schinken. Ideal ist sie aber vor allem zu einer Enten- oder Gänseleberpastete. Wie bei meinen Konfitürerezepten meine ich mit „Gläsern" natürlich die kleinen Gläser, die Sie vorsorglich zum Einkochen von Marmelade aufgehoben haben.

Für 4–5 Gläser

2 kg reife Kirschen
4–5 EL brauner Zucker
1,5 l Weißweinessig
8 schwarze Pfefferkörner
3 Wacholderbeeren
1 Lorbeerblatt
2 Nelken
Salz

Die Kirschen waschen, trocknen und etwa 5 mm der Stängel an den Früchten lassen. Die Kirschen auf die Gläser verteilen und Zucker darüberstreuen.

1 l Essig mit den Pfefferkörnern, den Wacholderbeeren, dem Lorbeerblatt, den Nelken und etwas Salz etwa 5 Minuten kochen.

Die Essigmischung abkühlen lassen und dann über die Kirschen gießen. Das Ganze sollte nun 24 Stunden stehen.

Nun die Marinade von den Kirschen über einem Topf abseihen, den restlichen Essig hinzugeben und noch einmal 10 Minuten kochen.

Die Mischung wieder über die Kirschen gießen, wobei die Gläser bis zum Rand gefüllt werden. Diese noch heiß verschließen und einige Minuten auf den Kopf stellen.

Die Kirschen in den Gläsern vor dem Verzehr mindestens 4 Wochen ruhen lassen.

WALNUSSTARTE

Die meisten meiner französischen Freundinnen haben mindestens eine Nusstarte in ihrer Rezeptsammlung – entweder etwas Klebrig-Süßes wie eine Pekannusspie oder eine trockenere Version wie diese hier, die auf gemahlenen Mandeln basiert. Diese Tarte ist eine Liebesgeschichte zwischen Kaffee und Walnüssen. Als Gebäck passt sie gut zu Tee oder Kaffee, kann aber auch als Dessert dienen. Von allen Nüssen findet man in meiner Speisekammer am ehesten Walnüsse, weil sie sich ewig halten.

8–10 Personen

250 g fertiger Mürbeteig
130 g Butter
100 g Zucker
3 Eier
100 g Mehl (gesiebt)
50 g Mandeln (gemahlen)
140 g Walnüsse (grob gehackt)
10 Walnusshälften

Den Ofen auf 180 °C (Gas Stufe 4) vorheizen.

Den Teig dünn ausrollen und eine Springform (22 cm Durchmesser) damit auslegen. Überstehenden Teig abschneiden. Die Form in den Kühlschrank stellen und währenddessen die Füllung vorbereiten.

Die Butter mit dem Zucker schaumig rühren.

Nacheinander die Eier untermischen, dann löffelweise das Mehl und die gemahlenen Mandeln dazugeben. Alles sorgfältig verrühren.

Nun die gehackten Walnüsse unterheben.

Ist das geschehen, die Form aus dem Kühlschrank nehmen, die Füllung hineingießen und das Ganze mit den Walnusshälften dekorieren.

Die Tarte etwa 20 Minuten backen, bis die Oberseite goldbraun ist. Man kann prüfen, ob der Kuchen fertig ist, indem man ein Holzstäbchen hineinsticht. Beim Herausziehen sollten keine Teigreste daran kleben bleiben. Die Tarte vor dem Servieren abkühlen lassen.

PETITS SUISSES MIT ROSA PFEFFERZUCKER

Ein Petit Suisse ist wahrscheinlich das erste Dessert, das ein französisches Baby kennenlernt. Hierbei handelt es sich um ein kleines Frischkäsetörtchen, das mit Papier umwickelt ist. Selbst Erwachsene lieben diese Schlemmerei. Falls Petits Suisses bei Ihnen nicht erhältlich sind, tut es auch jeder andere gute Frischkäse, Quark oder Joghurt. Vanille, Instantkaffee, Zimt, Muskatnuss, frische Pfefferminze oder milder Pfeffer – es gibt viele Wege, einfache Petits Suisses „aufzupeppen". Ich habe hier einen aromatisierten Zucker gewählt, weil dies in Frankreich momentan groß in Mode ist; zudem sieht es ausgesprochen hübsch aus. Falls Sie zufällig ein paar Erdbeeren zur Hand haben, eignen diese sich hervorragend als Beilage.

4 Personen

1 EL rosa Pfefferkörner
3–4 EL körniger Zucker
4 Petits Suisses

Die Pfefferkörner in einem Mixer mit dem Zucker vermischen.

Die Petits Suisses einzeln auf Teller stürzen und den Pfefferzucker darüberstreuen.

BABAS AU RHUM (RUM-SAVARIN)

Rum-Babas sind kleine Biskuitküchlein, die mit Rum getränkt wurden. Normalerweise kauft man sie in guten Feinkostgeschäften oder man macht sie selbst – ich bevorzuge die fertige Version, weil das Rum-Kuchen-Verhältnis dort definitiv zugunsten des Rums ausfällt. Ich habe deshalb immer eine Dose davon in meiner Speisekammer. Rum-Babas lassen sich ganz einfach servieren und bleiben immer schön feucht (weil sie so lange im Rum eingelegt waren). Dieses herausgeputzte Rezept ist eine sehr brauchbare Variante, wenn das Dessert einmal schnell gehen muss.

6 Personen

1 Dose Rum-Babas (meist in Rum-Vanille-Sirup eingelegt) oder fertiges Rum-Savarin
Guter brauner Rum
200 ml Sahne

Den Inhalt der Dose in eine Schüssel füllen. Nach Geschmack Rum hinzugeben (bei mir sind es meist 3 EL), alles gut umrühren und einen Moment ruhen lassen.

Die Sahne steif schlagen.

Die Küchlein auf 6 hübsche Gläser verteilen und diese mit dem Sirup aufgießen.

1 Löffel Schlagsahne obenauf geben und einen Strohhalm hineinstecken, damit man den köstlichen Sirup trinken kann.

MADELEINES

Wir haben es Marcel Proust, der die kleinen Küchlein in seinem Werk *Auf der Suche nach der verlorenen Zeit* erwähnt, zu verdanken, dass Madeleines als das klassische französische Teegebäck gelten. Falls Sie einmal Ihre Kinder an einem verregneten Nachmittag beschäftigen müssen, backen Sie Madeleines mit ihnen. In Frankreich tauchen in letzter Zeit immer öfter alle möglichen Rezeptvarianten – von grünem Tee über Ricotta bis zu Spinat – auf, aber diesmal bin ich fest auf Seiten der Tradition und halte mich, soweit es geht (Starkoch Guy Savoy sei Dank), an das Originalrezept der berühmten *Madeleines de Commercy*.

Ergibt etwa 16 Stück

500 ml Vollmilch
5 große Eier
200 g Zucker
200 g Mehl (gesiebt)
1 TL Backpulver
120 g gesalzene Butter

Den Ofen auf 200 °C (Gas Stufe 6) vorheizen.

Milch, Eier und Zucker in einen Topf geben. Die Mischung mit einem Schneebesen kräftig durchrühren, bis sie beginnt, fest zu werden. Den Topf vom Herd nehmen und weiterrühren, bis das Ganze abgekühlt ist. Anschließend das Ganze noch eine Weile stehen lassen.

Ist die Mischung vollständig abgekühlt, das Mehl und das Backpulver hinzufügen und alles mit einem Holzlöffel verrühren. Die Butter schmelzen und nach und nach zur Mischung geben. Den Teig 10 Minuten ruhen lassen.

Eine Madeleineform mit Butter auspinseln. Die Vertiefungen nicht bis ganz zum Rand füllen und die Madeleines etwa 10 Minuten backen, bis sie goldbraun und „fluffig" sind.

Sind die Madeleines fertig, sofort aus der Form nehmen und abkühlen lassen.

KATZENZUNGEN

Katzenzungen oder *Langues de Chat* sind das französische Äquivalent zu Eiswaffeln. Das Rezept ist vor allem dann sehr nützlich, wenn man gekauftes Eis oder „langweiligen" Obstsalat als Dessert serviert.

Ergibt etwa 20 Stück

115 g Butter (weich)
115 g Zucker
2 mittelgroße bis große Eier
100 g Mehl
1 Vanilleschote

Den Ofen auf 200 °C (Gas Stufe 6) vorheizen.

Die Butter mit dem Zucker schaumig schlagen und nacheinander die Eier hineingeben.

Anschließend das Mehl in die Schüssel sieben und mit einem Holzlöffel unter die Eiermischung rühren.

Die Vanilleschote halbieren, das Mark herauskratzen und unter den Teig rühren.

Ein Backblech mit einer Silikonmatte oder Backpapier auslegen.

Den Teig in einen Gefrierbeutel geben und von diesem eine Ecke abschneiden. Damit die Masse in Zungenform (etwa 5 cm lang) auf das Blech spritzen. 3 cm Abstand zwischen den einzelnen Keksen lassen.

Die Teigzungen 5–6 Minuten backen, bis sie am Rand goldbraun, in der Mitte aber noch recht blass sind.

Nun das Backblech aus dem Ofen nehmen und das Gebäck auf einem Kuchengitter abkühlen lassen.

VANILLE

Die Franzosen lieben Vanille – sie kommt in allerhand Speisen vor, von der Crème Caramel bis zum Flan, vom Sahnepudding über die Îles Flottantes („Schwimmende Inseln") bis zur Crème Anglaise („Englische Creme"). Im Lauf der Zeit tauchte die Vanille, beeinflusst durch die Gewürze der indischen und asiatischen Küche, auch immer häufiger in herzhaften Gerichten auf. Zusammen mit Safran und Kreuzkümmel wird Vanille z. B. häufig für Meeresfrüchte verwendet. Vor einiger Zeit besuchte ich die wundervolle Insel Réunion vor der Küste Madagaskars, auf der Vanille angebaut wird. Dort aß ich Vanille-Ente, ein Gericht, für das viele Vanilleschoten verwendet werden. Das Ergebnis ist eine leckere Mischung aus langsam geschmorter Ente, die auf einem Bett aus Zwiebeln in Vanillesauce serviert wird. Sobald sie ihr Heimatland verlassen hat, wird Vanille meist viel sparsamer eingesetzt – sie ist nämlich eine sehr teure, ja fast kostbare Zutat wie Trüffel.

Die beiden besten Vanillearten sind für mich die Bourbonvanille, die überwiegend auf Madagaskar wächst, und die Tahitivanille, die aus dicken, dunklen Schoten besteht und aus Polynesien stammt. Letztgenannter wird nachgesagt, das bessere Aroma zu haben, und entsprechend teuer ist sie auch. Trotz des Preises sollte Vanille in Ihrer Speisekammer nicht fehlen. Es gibt ein paar ganz vernünftige Vanilleextrakte zu kaufen, die meisten sind jedoch ziemlich bitter und wenig aromatisch. Und auch wenn wir uns gern an die billigen Süßigkeiten aus unserer Kindheit erinnern, sollten wir unseren Gaumen daran gewöhnen, nur den Geschmack echter Vanilleschoten zu akzeptieren.

In meiner Landküche hatte ich das große Glück, ständig mit Großpackungen frischer, glänzender, fetter Vanilleschoten beliefert zu werden. Das war einfach fantastisch, und ich richtete viele meiner Mahlzeiten darauf aus. Häufig bestand unser Dessert aus einfachem, hausgemachtem Vanilleeis mit frischer Karamellsauce. Wer hat es eigentlich als Erster gewagt, Vanille als „einfach" zu bezeichnen? Frisches, cremiges, hausgemachte Vanilleeis hat etwas geradezu Magisches an sich! Leider bleibt mein Nachschub heutzutage aus. Ich verwende Vanille inzwischen viel sparsamer und gehe immer sehr sorgfältig mit den wenigen Schoten um, die sich noch in meiner Speisekammer befinden. Sehr häufig werden Vanilleschoten in Zucker aufbewahrt, den sie so gleichzeitig aromatisieren. Ich finde aber, dass das die Schoten viel zu schnell austrocknet, deshalb wickle ich sie fest in Frischhaltefolie, stecke sie in einen luftdicht verschlossenen Behälter und bewahre sie in der Tür meines Kühlschranks oder an einem anderen kühlen Ort auf.

SCHOKOLADENTRÜFFEL

Gibt es eine schönere Art, seine Gäste nach einem guten Essen zu verwöhnen? Diese Trüffel sind meilenweit von meiner ersten Trüffelerfahrung – supersüßen, klebrigen, angeblich nach Champagner schmeckenden Supermarkttrüffeln – entfernt. Ich habe hier lieber mit der Hülle als mit der Füllung gespielt, um den Geschmack und die Farben zu variieren.

Verwenden Sie für dieses Rezept die beste Schokolade, die Sie finden können. Achten Sie auf einen hohen Kakaobutteranteil, nicht nur auf einen hohen Kakaoanteil. Viel Kakaobutter bedeutet, dass die Schokolade eine gute Geschmacksbasis hat, glatt ist und leicht schmilzt.

6–8 Personen

450 g hochwertige Schokolade
250 g Sahne
1 EL Kakaopulver
1 EL Puderzucker
1 EL Piment d'Espelette (als Pulver)
1 EL Pistazien (ungesalzene Pistazien, zu Pulver gemahlen)

Die Schokolade in kleine Stücke brechen und in eine hitzebeständige Schüssel geben.

Die Sahne aufkochen lassen und zur Schokolade gießen. Die Schokolade unter ständigem Rühren in der Sahne schmelzen.

4 Teller mit den Pulvern vorbereiten.

Ist die Trüffelmischung abgekühlt und leicht ausgehärtet, mit einem Löffel kleine Mengen herausheben und zwischen den Händen zu Kugeln rollen. Durch die Wärme der Hände wird die Oberfläche leicht klebrig, sodass der nun folgende Überzug gut an den Trüffeln haften wird.

Die Kugeln in dem Pulver nach Wahl wenden.

Wenn alle Trüffel ihren Überzug haben, das Naschwerk bis zum Servieren an einem kühlen Ort ruhen lassen. Am besten nicht in den Kühlschrank stellen, da die Feuchtigkeit darin den Pulverüberzug verdirbt.

APRIKOSENKONFITÜRE

Konfitüre einzukochen ist eine der schönsten Aktivitäten in einer Landküche. Man macht das Beste aus der Fülle der jeweiligen Saisonfrüchte, steht in der Küche, umgeben von leeren Gläsern und Zucker, und denkt an die anstehende kühlere Jahreszeit, in der man das Ergebnis seiner Arbeit genießen kann. Der schwierigste Teil der Konfitürezubereitung ist die richtige Vorbereitung der Früchte. Aus diesem Grund ist die Aprikosenkonfitüre auch mein Favorit. Aprikosen lassen sich rasch nach matschigen Stellen absuchen, und der Stein löst sich problemlos. Bei diesem Rezept werden die Früchte einfach mit dem Zucker eingekocht. Ich habe noch nie ein Thermometer verwendet, und das Ergebnis ist immer perfekt.

Ergibt 10–12 Gläser

3 kg Aprikosen (nicht zu reif)
3 Vanilleschoten (längs halbiert)
2,5 kg Zucker
Saft von 1 Zitrone

Die Aprikosen waschen, halbieren und die Steine entfernen. Die halbierten Vanilleschoten in 1 cm lange Stücke schneiden.

Nun das Obst in einen sehr großen Stahl- oder Kupfertopf füllen. Den Zucker, den Zitronensaft und die Vanille hinzufügen und die Mischung sehr gut durchrühren. Alles stehen lassen, bis sich der Zucker vollständig aufgelöst hat und das Aroma der Vanille gut verteilt ist. Je nach Geschmack das Ganze auch über Nacht stehen lassen.

Die Mischung aufkochen lassen und dann 5 Minuten bei starker Hitze kochen. Man kann testen ob die Konfitüre fertig ist, indem ein Klecks auf einen Teller gegeben wird und man sieht, ob er geliert. Mit der 5-Minuten-Regel funktioniert es eigentlich immer.

Die fertige Konfitüre bis zum Rand in die Gläser füllen, diese verschließen und sie sofort umdrehen. Das Ganze vor dem Einlagern abkühlen lassen.

CONFITURE DE VIEUX GARÇON

Dies hier ist eher ein Ritual als ein Rezept. *Vieux garçon* bedeutet „alter Junggeselle", und dieses Rezept dient dazu, ein einsames Herz in den dunklen, kalten Wintermonaten zu wärmen. Es besteht einfach aus Obstschichten, die in Alkohol eingelegt werden, ähnlich dem Rumtopf. Benutzen Sie das höchste, schönste Einmachglas, das Sie finden können. Die Früchte müssen in bestem Zustand sein und sorgfältig vorbereitet werden. Verwenden Sie Weinbrand, Cognac oder einen Obstbrand als Basis. Im Lauf der Jahreszeiten fügen Sie Obstschicht um Obstschicht und einen guten Schuss Alkohol hinzu. Umrühren müssen Sie nicht.

Ich weiß noch genau, wie meine Freundin Louisette den ganzen Sommer über in Abständen immer wieder in der Küche stand, verschiedene Früchte – Kirschen, Himbeeren, Erdbeeren, Mirabellen usw. – in ein großes Einmachglas gab und alles mit Armagnac aufgoss, bevor sie das Glas wieder verschloss. Wenn die Abende im Spätsommer schon ein bisschen kühl wurden, genehmigten wir uns immer ein Gläschen des fruchtigen Nektars zum Kaffee – natürlich nur zum Probieren!

Es gibt immer wieder Gelegenheiten, zu denen man seinen Gästen etwas wirklich Besonderes bieten möchte. Die französische Sichtweise dessen, was „raffiniert" oder „elegant" ist oder nicht, hat sich im Lauf der Jahrzehnte immer wieder gewandelt. In den letzten zehn Jahren ist selbst die klassische Dinnerparty mehr und mehr in Ungnade gefallen. Als ich in den 1980er-Jahren nach Frankreich zog, waren meine französischen Bekannten Meister darin, eine althergebrachte, rituelle Speisefolge, die sie von ihren Eltern übernommen hatten, zu pflegen: zuerst ein schneller Drink mit ein paar Häppchen, gefolgt von einem Hauptgericht, einem Zwischengang, einem Käseteller und schließlich dem Dessert. Danach ging es für den Kaffee zurück auf das Sofa. In meiner Familie folgte die Sitzordnung dabei einer strengen Etikette mit dem Großvater meines Mannes als Dreh- und Angelpunkt der Familie, der immer auf dem besten Platz in der Mitte saß. Sobald sich seine älteste Tochter (meine Schwiegermutter) zu seiner Rechten und seine älteste Schwiegertochter zu seiner Linken niedergelassen hatten, setzten sich die Ehemänner und jüngeren Frauen in der Reihenfolge ihres Alters, bis hinunter zu mir, der Freundin des zweitjüngsten Enkels, die ganz an der Ecke saß. Nachdem wir verheiratet waren, durften wir den „Frischvermähltenbonus" genießen und nebeneinander sitzen, zumindest bis zu unserem ersten Hochzeitstag. Trotzdem fanden wir uns meist auf den Klappstühlen wieder. Selbst meine jungen französischen Freunde schienen den traditionellen Regeln geradezu sklavisch zu folgen, angefangen von der Art und Weise, Wein zu servieren, bis zu der Tatsache, Käse ausschließlich auf dem Käsebrett zu schneiden. Ich fand das alles zwar faszinierend, gleichzeitig aber auch ganz schön förmlich.

Heutzutage ist es viel lockerer geworden. Man lässt Gänge aus, isst in der Küche oder genießt den Aperitif drei Stunden lang. Das Esszimmer wird langsam, aber sicher ziemlich überflüssig.

Damit aus einem Essen etwas Besonderes wird, müssen Sie nicht das beste Porzellangeschirr herauskramen oder einer strikten Etikette folgen. Sie müssen auch keine höchst aufwendigen, schwierigen Menüfolgen zubereiten. Schließlich sind Sie zu Hause, nicht in einem Restaurant. Aus einem Essen etwas Besonderes zu machen, bedeutet lediglich, sorgfältiger zu planen, sich mehr Gedanken über die Präsentation zu machen und auch einmal neue, interessante Zutaten zu verwenden.

RAFFINIERT

VICHYSSOISE

Diese berühmte und äußerst beliebte französische Suppe ist eine ziemlich formelle Angelegenheit, aber auch eine sehr leckere Vorspeise, deren Zutaten man das ganze Jahr über auf dem Markt kaufen kann. Wenn Sie einem französischen Gemüsehändler sagen, Sie wollen eine Brühe machen, stellt er gleich die richtigen Zutaten für Sie zusammen. Da Lauch so aromatisch ist, könnten Sie sich auch die Arbeit sparen und einfach Lauchstangen und Wasser anstelle von Brühe verwenden. Oft ist es aber schwer, der Versuchung zu widerstehen, wenn man sich der unglaublichen Auswahl an Gemüseständen gegenübersieht. Ich mag meine Vichyssoise am liebsten warm, deshalb schlage ich es in diesem Rezept auch so vor – obwohl die Suppe traditionell kalt serviert wird. Falls Sie die traditionelle Weise bevorzugen, müssen Sie beim Anschwitzen des Lauchs die Butter durch Olivenöl ersetzen.

4 Personen

50 g Butter
2 Lauchstangen (gut gewaschen, geschnitten)
300 g Kartoffeln (geschält, geschnitten)
1 l Gemüsebrühe
Salz und schwarzer Pfeffer (frisch gemahlen)
Sahne (wahlweise)
Frische(r) Kerbel, Estragon und/oder Petersilie (gehackt)

Die Butter in einem Topf schmelzen und den Lauch darin anschwitzen, ohne ihn zu bräunen. Die Kartoffeln hinzufügen, gut umrühren und dann alles einige Minuten köcheln lassen.

Nun die Brühe hineingießen und alles aufkochen lassen. Anschließend das Ganze etwa 10 Minuten köcheln lassen, bis das Gemüse weich ist.

Alles zusammen kräftig durchpürieren. Dann die Suppe mit Salz und Pfeffer abschmecken und gegebenenfalls etwas mehr Brühe hinzugeben, falls sie zu dick wird.

Nach Belieben vor dem Servieren etwas Sahne hinzufügen und die Suppe mit Kräutern garnieren.

LAMMLEBER MIT TOMATEN, ROTER BETE UND PETERSILIE

4 Personen

Saft von 1 Zitrone
Olivenöl
2 EL glattblättrige Petersilie (gehackt)
Fleur de Sel und schwarzer Pfeffer (frisch gemahlen)
20 Kirschtomaten (verschiedene Sorten und Farben, halbiert)
200 g Rote Bete (gekocht, halbiert oder in Scheiben geschnitten)
400 g Lammleber (in Scheiben geschnitten)

Den Zitronensaft mit dem Olivenöl mischen, die Petersilie hinzugeben und das Ganze mit Fleur de Sel und Pfeffer abschmecken.

Die Tomaten und die Rote Bete auf den Tellern anrichten und die Vinaigrette darüberträufeln.

Etwas Olivenöl in einer Pfanne erhitzen und die Leber darin anbraten. Sie soll außen kross und innen noch rosa sein.

Die Leber mit Fleur de Sel und Pfeffer würzen und das Ganze sofort servieren.

In Frankreich setzt man Leber gern Kindern vor, weil sie so gesund für die lieben Kleinen sein soll – ähnlich wie Schafshirn und Lebertran. Während Innereien in Großbritannien zum Beispiel nicht gerade als kulinarische Spezialitäten geschätzt werden, haben die Franzosen keinerlei Vorbehalte dagegen. Für dieses Gericht eignet sich sowohl Lamm- als auch Kalbsleber. Ich habe mich für Lamm entschieden, da die Leber etwas milder schmeckt.

ZERLEGTES KALBSFRIKASSEE

Bei diesem Rezept, einem echten Klassiker, zollen wir dem neuen Trend Tribut, eine Mahlzeit in ihre Bestandteile zu zerlegen und diese einzeln zu servieren. In seiner Originalform ist das Gericht ein herzhafter Eintopf mit Fleischstücken und Karotten in einer hellen, cremigen Sauce. Damit das Ganze abwechslungsreicher wird (und für jeden Gast genug Cremesauce abfällt), kann man es auch in kleinen Kasserolen servieren, die gerade sehr in Mode sind. Aber egal, für was Sie sich entscheiden: Servieren Sie als Beilage am besten lockeren, weißen Reis, der die Cremesauce aufsaugen kann.

4 Personen

1 kg Kalbfleisch (Schulter und Bauch)
1 Lauchstange (nur das Weiße, gewaschen, geschnitten)
1 Selleriestange (in 10 cm große Stücke geschnitten)
3 Karotten (geschält, grob geschnitten)
2 Zwiebeln (geschält, geschnitten)
150 g Champignons (fein geschnitten)
Salz und schwarzer Pfeffer (frisch gemahlen)
80 g Butter
200 g Reis
1 gehäufter EL Mehl
200 ml Sahne

Das Fleisch und das Gemüse (außer den Pilzen) in einen großen Topf geben und ihn mit kaltem Wasser auffüllen. Etwas Salz und Pfeffer hinzugeben und alles aufkochen lassen. Alle Unreinheiten von der Oberfläche abschöpfen und das Ganze etwa 1½ Stunden köcheln lassen.

Anschließend das Fleisch herausnehmen, in mundgerechte Stücke schneiden und warm stellen.

Die Brühe durch ein feines Sieb geben, die Karotten beiseitelegen und den Rest der festen Zutaten wegwerfen. Die gekochten Karotten in Scheiben schneiden und warm halten.

Die Champignons in 30 g Butter schön kross anbraten.

Den Reis kochen und warm stellen.

Die Brühe um etwa ein Drittel einkochen lassen.

Die restliche Butter in einer Pfanne über kleiner Flamme schmelzen, das Mehl hinzugeben und einige Minuten anschwitzen, anschließend das Ganze langsam mit der Brühe aufgießen. Alles kräftig mit einem Schneebesen durchrühren, bis die Sauce dick und cremig wird. Nun noch die Sahne hinzufügen und die Sauce abschmecken.

Jetzt kann man z. B. alle Zutaten wieder zusammen in einen Topf geben oder das Ganze in Minikasserolen schichten – Reis, Karotten, Fleisch, Pilze – und die Sauce separat servieren.

FRANZÖSISCHES BROT

Das Baguette ist vielleicht eines der klassischsten Symbole Frankreichs. Vor einigen Jahren wurde diese Ikone mit ihrer hellgelben Kruste und dem weichen, lockeren Inneren ernsthaft durch die Verbreitung industriell hergestellter Produkte bedroht. Es schien, als hätten die großen, blassen, schwammigen, geschmacksneutralen Brote und Baguettes der Supermärkte die französischen Bäckereien quasi überrannt. Der Gegenangriff wurde von einigen leidenschaftlichen Bäckern, angeführt von den berühmten Bäckermeistern Lionel Poilâne und Jean-Luc Poujauran, in Paris begonnen. Sie setzten sich für die traditionellen Backmethoden ein, und schon bald stand halb Paris bei ihnen nach dem besten Brot ganz Frankreichs Schlange.

Ich finde es faszinierend, wie geduldig und geordnet Franzosen für ihr tägliches Brot anstehen. Das frische, knackige Brot, das ein- oder zweimal täglich gebacken wird, ist Welten von den weichen, weißen Brotlaiben oder dem süßlichen Weizenbrot entfernt, das ich als Kind in Irland aß (und das ich heute noch liebe). Diese Art Brot ließ sich tagelang aufbewahren. Heute habe ich das Glück, ganz in der Nähe einer großartigen Bäckerei zu wohnen, die täglich außer sonntags von 7 bis 19 Uhr geöffnet ist. So habe ich nun auch die französische Tradition des frischen Baguettes am Morgen angenommen, denn auf diese Weise bekommen meine Kinder wenigstens ein gutes Frühstück. Als ich mich eines Abends bei »Chez Laurent« für Brot anstellte, fiel mir auf, welche Mühe sich manche Leute machen, um ihr geheiligtes Baguette so frisch wie möglich zu bekommen. Sie stellen sich an, bestellen ihr Brot und erledigen dann erst einmal ihre restlichen Einkäufe. Dann kommen sie zurück, gehen direkt nach vorn (kein Problem) und bekommen durch ein kleines Nicken zur Bäckerin ihr Baguette frisch aus dem Ofen.

Obwohl die Brotmenge, die Franzosen allgemein konsumieren, langsam abnimmt, essen sie es doch noch zu jeder Mahlzeit und zu jedem Gang, mit Ausnahme der Suppe. Aber selbst in diese mogelt es sich oft in Form von knackigen Croûtons hinein. Immer häufiger sieht man auch Brotspezialitäten, wie Brot mit Trockenfrüchten und Nüssen, das man zum Käse serviert. Besonders beliebt ist zurzeit *Fougasse*, ein Brot mit Olivenöl, Speckwürfeln und Oliven oder Kräutern, das oft zusammen mit Tapenade als Vorspeise serviert wird. Das Brot auf dem Bild stammt von einem Bäcker auf dem Markt in Rennes, der Rezepte aus dem 12. und 13. Jahrhundert verwendet. Seinen Stand kann man aufgrund der langen Schlange, die sich immer geduldig durch die überdachte Markthalle windet, gar nicht verfehlen.

POULE AU POT

Dieser französische Klassiker ist ebenso herzhaft und köstlich, wie er einfach zuzubereiten ist. Er ähnelt sehr dem Kalbsfrikassee (siehe S. 132), denn auch hier wird das Fleisch in einer leckeren Brühe gekocht und erhält dann eine cremige Sahnesauce. Traditionell wird es aus einem erwachsenen Huhn gekocht, und man sollte das verwendete Huhn sorgsam auswählen. Besonders gut würde sich hier natürlich eines der Bresse- oder Géline-de-Touraine-Hühner von Paul Renault (siehe S. 57) eignen – aber auch jedes „glückliche Huhn" eines Händlers oder Bauern Ihres Vertrauens!

6–8 Personen

1 Freilandhuhn, etwa 2 kg
1 Bouquet garni
2 Zwiebeln (geschält, geschnitten)
2 Karotten (geschält, in gleichmäßig große Stücke geschnitten)
1 Lauchstange (gewaschen, geschnitten)
1 Selleriestange (geschnitten)
  Pastinake (geschält, in gleich große Stücke wie die Karotten geschnitten)
500 ml Sahne
25 g Butter (wahlweise)
25 g Mehl (wahlweise)
Salz und weißer Pfeffer (frisch gemahlen)
125 g Reis (gekocht) pro Person

Das Huhn in einen großen Topf geben und genug kaltes Wasser aufgießen, dass es vollständig bedeckt ist. Das Bouquet garni und das Gemüse hinzufügen. Den Deckel aufsetzen, das Ganze langsam aufkochen und anschließend etwa 2 Stunden sanft köcheln lassen. Gegebenenfalls immer wieder etwas Wasser nachgießen. Das Gemüse soll nicht zerkochen.

Das Huhn, wenn es weich ist, herausnehmen, in Stücke schneiden und warm stellen.

Anschließend die Brühe abseihen und das Gemüse aufheben. Lediglich das Bouquet garni kann weggeworfen werden.

Die Brühe zurück in den Topf geben und 10–15 Minuten einkochen lassen, um das Aroma zu intensivieren. Dann die Sahne hinzufügen.

Falls eine dickere Sauce gewünscht ist, aus der Butter und dem Mehl eine Einbrenne machen, indem Sie die Butter schmelzen, das Mehl einrühren und alles einige Minuten köcheln lassen, bis es dick wird. Dann mit dem Schneebesen etwas Brühe unterrühren und die Einbrenne in die restliche Brühe gießen. Dabei darauf achten, dass sich keine Klümpchen bilden.

Die Hühnerstücke mit dem Gemüse, dem Reis und der Sauce anrichten und servieren.

GEFÜLLTE WACHTELN AUF TOAST MIT FOIE GRAS UND WARMEN GRÜNEN TRAUBEN

Cailles farcies, gefüllte Wachteln, waren im Frankreich der 1970er-Jahre bei Dinnerpartys sehr beliebt. Sie sind eines dieser extravaganten Gerichte, das viele Menschen mit der französischen Küche verbinden ... zumindest außerhalb Frankreichs. Ich habe es hier als leicht ironische Note eingefügt – aber nichtsdestotrotz ist es wirklich ein Klassiker und ausgesprochen köstlich!

4 Personen

4 fette Wachteln
2 EL Olivenöl
25–30 kernlose grüne Weintrauben (halbiert)
1 Stückchen Butter
4 Scheiben Foie gras (Gänsestopfleberpastete, falls möglich *mi-cuit*)
4 dicke Scheiben Brioche (getoastet)

FÜR DIE FÜLLUNG
25 g Butter
2 Schalotten (geschält, fein gehackt)
2 EL Petersilie (gehackt)
100 g Semmelbrösel
Salz und schwarzer Pfeffer (frisch gemahlen)

Den Ofen auf 180 °C (Gas Stufe 4) vorheizen.

Für die Füllung die Butter in einem Topf schmelzen und die Schalotten sautieren, ohne sie zu bräunen. Anschließend die Petersilie und die Semmelbrösel hineingeben, die Füllung mit Salz und Pfeffer abschmecken und alles gut verrühren.

Nun die Wachteln füllen und die Bauchhöhlen mit kleinen Spießen verschließen. Die Vögel mit etwas Olivenöl bestreichen und auf ein Backblech legen. Die Wachteln etwa 12–15 Minuten im Ofen goldbraun schmoren.

Währenddessen die Trauben in etwas Butter anschwitzen.

Auf 4 Tellern je eine Scheibe Gänseleberpastete auf die Briochescheiben legen, eine Wachtel obenauf setzen und die Trauben und deren Saft drumherum dekorieren.

ENTE MIT GRÜNEM PFEFFER

Die Verbindung aus süßen, saftigen Erbsen und Pfefferkörnern passt hervorragend zu der herzhaften Ente. Außerdem kann man dabei üben, Erbsen mit der richtigen Seite der Gabel zu essen! Vielleicht sollten Sie vorsichtshalber etwas Baguette zur Hand haben, falls Ihren Gästen die Höflichkeit zu viel wird und sie anfangen, die Erbsen auf dem Teller herumzuschieben.

2 Personen

1 Schalotte (geschält, grob geschnitten)
1 Knoblauchzehe (geschält, zerdrückt)
Olivenöl
2 Entenkeulen
2 TL eingelegte grüne Pfefferkörner
300 ml Sahne
250 g frische Erbsen
Salz und schwarzer Pfeffer (frisch gemahlen)

Den Ofen auf 190 °C (Gas Stufe 5) vorheizen.

Die Schalotten und den Knoblauch mit etwas Olivenöl in einen Bräter geben und die Entenkeulen obenauf legen. Das Ganze etwa 30 Minuten im Ofen braten.

Sind die Keulen fertig, diese aus dem Ofen nehmen und ruhen lassen. Währenddessen die Sauce zubereiten.

Etwas Fett abschöpfen und dann die Pfefferkörner und die Sahne in den Bräter geben. Alles gut umrühren, damit sich der köstliche Bodensatz löst.

Den Bräter auf den Herd stellen und die Sauce etwas einkochen lassen. Die Erbsen hinzufügen und das Ganze 3 Minuten weiterköcheln lassen, bis die Erbsen weich sind.

Das Gemüse vor dem Servieren mit Salz und Pfeffer abschmecken.

HIRSCHSTEAKS MIT APFEL-KARTOFFEL-PÜREE UND BROMBEERSAUCE

Bei diesem wundervollen Herbstgericht mischen wir die besten Früchte der Saison mit zartem Wild. Es scheint fast so, als würde Mutter Natur absichtlich die Dinge gemeinsam wachsen lassen, die auch am besten zusammen schmecken. Dieses Gericht will gut organisiert sein, da man die Sauce erst in letzter Minute zubereiten kann. Es eignet sich daher besonders gut für nur zwei Personen.

2 Personen

2 Hirschsteaks à etwa 125 g
Olivenöl
300 ml gute Rinderbrühe
120 g Brombeerkompott
6–8 Wacholderbeeren
1 frischer Rosmarinzweig
20 Brombeeren

FÜR DAS APFEL-KARTOFFEL-PÜREE
4 Äpfel (geschält, Gehäuse entfernt, geviertelt und in Scheiben geschnitten)
500 g Kartoffeln (geschält, gekocht, zerstampft)
Salz und schwarzer Pfeffer (frisch gemahlen)

Die Äpfel mit 2–3 EL kaltem Wasser in einen Topf mit fest schließendem Deckel geben. Die Äpfel weich kochen, aber nicht matschig.

Die Apfelscheiben mit einem Löffel unter den Kartoffelbrei rühren, alles mit Salz und Pfeffer abschmecken und das Püree warm halten.

Eine schwere Pfanne erhitzen. Die Hirschsteaks mit etwas Olivenöl einreiben und nach Geschmack würzen. Anschließend das Fleisch auf jeder Seite 2–3 Minuten braten und kurz ruhen lassen.

Die Brühe in die Pfanne gießen, das Brombeerkompott, die Wacholderbeeren und den Rosmarinzweig hinzufügen und alles 15 Minuten kochen lassen, bis die Sauce um etwa zwei Drittel reduziert ist.

Nun die Brombeeren hinzugeben und in der Sauce erwärmen. Eventuell noch einmal abschmecken.

Die Hirschsteaks auf vorgewärmten Tellern servieren, die Sauce darüberträufeln und das Apfel-Kartoffel-Püree als Beilage servieren.

GESCHMORTER STEINBUTT MIT LINGUINI, VENUS- UND MIESMUSCHELN

Wenn ich sonntags Gäste zum Mittagessen erwarte, stehe ich oft vor allen anderen auf und fahre auf den großartigen Markt in der mittelalterlichen Stadt Houdan, in der Nähe von Rouen. Einer der Fischstände dort besteht aus einer Ansammlung von Klapptischen, die vor einem Kühllaster aufgebaut wurden, der aus Le Havre kommt. Der Laster wurde direkt von den Fischerbooten aus beladen und musste nicht erst den Umweg über den Pariser Großmarkt Rungis machen, sodass der Fisch so frisch wie nur irgend möglich ist. An Tagen wie diesen sind die Sonntagsessen immer luxuriöse Angelegenheiten, bei denen ich sehr oft Steinbutt oder Petersfisch auf den Tisch bringe.

4 Personen

4 dicke Scheiben Steinbutt à etwa 150–200 g, mit Mittelgräte und Haut
3 EL Olivenöl
80 g Butter
200 g frische Linguini
2 Schalotten (geschält, fein gehackt)
400 g Venus- und Miesmuscheln
Saft und Schale von 2 Orangen
2–3 EL Sahne (wahlweise)
Fleur de Sel und schwarzer Pfeffer (frisch gemahlen)

Den Ofen auf 190 °C (Gas Stufe 5) vorheizen.

Den Fisch mit 2 EL Olivenöl und der Hälfte der Butter in einen Bräter legen und ihn 15–20 Minuten schmoren. Ob der Fisch gar ist, kann man testen, indem man ein Messer an der Mittelgräte hineinsticht. Ist der Fisch innen nicht mehr rosa, ist er fertig.

In der Zwischenzeit die Nudeln kochen, abgießen und in dem restlichen Olivenöl schwenken, damit sie nicht zusammenkleben, und warm halten.

Die Schalotten in dem Rest der Butter anschwitzen. Die Temperatur erhöhen, die Muscheln hinzufügen und alles gut umrühren. Nun den Orangensaft und die -schale hineingeben, den Topf kurz zudecken und anschließend alles köcheln lassen, bis sich die Muscheln öffnen.

Die Linguini in den Topf mit den Muscheln geben, sorgfältig die Sahne unterrühren und das Ganze durchmischen, damit die Nudeln die Sauce gut aufnehmen können. Die Nudeln mit Fleur de Sel und Pfeffer abschmecken, auf den Tellern verteilen und den Fisch obenauf legen.

GESCHMORTER LACHS MIT WIRSING, MARONI UND BEURRE ROUGE

Die Franzosen kennen, was Wein betrifft, keine allzu strengen Regeln. Sie servieren Rotwein zu Fisch oder Weißwein zu Fleisch. Im Grunde genommen kommt es nur darauf an, wie stark der Eigengeschmack des Fleisches oder des Fisches ist. Condrieu ist z. B. ein Weißwein, der sehr gut zu sahnigen Hühnchengerichten passt. Lachs ist ein sehr intensiver Fisch, der ohne Weiteres einem guten Rotwein – sowohl im Glas als auch auf dem Teller – standhalten kann. Hier serviere ich ihn mit einer Rotwein-*Beurre-blanc*, also quasi einer *Beurre rouge*! Der Großteil dieses Gerichts lässt sich gut vorbereiten. Wenn Sie zum Schmoren des Wirsings Entenfett verwenden, bekommt er ein wunderbar herbstliches Aroma.

4–6 Personen

Olivenöl
1 Schalotte (geschält, fein gehackt)
1 l Brühe
250 ml guter Rotwein
50 g Entenfett
150 g Speckwürfel
1 kleiner Wirsing (in 2 cm große Stücke geschnitten)
20 gekochte Maroni (grob gehackt)
1 ganzer Lachs, etwa 1,5 kg
Salz und schwarzer Pfeffer (frisch gemahlen)
1 unbehandelte Zitrone (geviertelt)
50–80 g Butter

Den Ofen auf 180 °C (Gas Stufe 4) vorheizen.

Etwas Öl in einer Pfanne erhitzen und die Schalotte darin anschwitzen, ohne sie zu bräunen. Anschließend die Brühe und den Wein aufgießen und das Ganze um zwei Drittel einkochen lassen.

Das Entenfett in einer Pfanne schmelzen. Die Speckwürfel und den Wirsing hinzufügen und immer gut umrühren, damit nichts anbrennt. Wenn der Wirsing zusammengefallen und weich ist, die Maroni hinzugeben und alles noch einmal kräftig umrühren.

Den Lachs auf ein Backblech mit Alufolie legen. Mit Öl bepinseln und etwas Meersalz darüberstreuen.

Etwas Zitronensaft in die Bauchhöhle träufeln, Salz und Pfeffer und die ausgedrückten Zitronenteile hineingeben.

Den Fisch in den Ofen schieben und 20–30 Minuten schmoren. Man testet, ob der Fisch gar ist, indem man mit einem Messer probiert, ob sich das Fleisch leicht von der Mittelgräte lösen lässt. Bei einem so edlen Fisch ist es immer besser, ihn etwas kürzer zu schmoren als zu lang. (Agnes, eine weitere irische Köchin, gab mir einen Tipp, falls ich ganz sicher sein will: Man rechnet pro 2,5 cm Dicke vom Backblech bis zur dicksten Stelle des Fisches gemessen 10 Minuten Garzeit.)

Während der Fisch im Ofen ist, den Wirsing wieder aufwärmen und die Sauce zubereiten. Die Wein-Brühe-Reduktion erhitzen und die Butter unterrühren, damit die Sauce reichhaltiger wird und schön glänzt.

Den Fisch im Ganzen mit der Beurre rouge und dem Wirsing als Beilage servieren.

AUSTERN MIT FOIE GRAS UND SCHNITTLAUCH

Dieses Rezept ist ein echter Hit! Trotz der extravagant klingenden Zutaten lässt es sich leicht zubereiten und eignet sich mit einem schönen Glas Champagner oder Sancerre hervorragend als Auftakt zu einem Festmahl. Die Austern werden auf einem Salzbett rasch gegart und auf einem Tablett serviert. Stellen Sie das Tablett in Reichweite aller Gäste (oder reichen Sie es herum), und Sie werden sehen, wie schnell das Eis gebrochen ist.

4–6 Personen

24 Austern
Salz
200 g Gänsestopfleber, roh oder mi-cuit
4 Scheiben Zwieback, fein zerbröselt
Frischer Schnittlauch (sehr fein geschnitten)

Den Ofengrill auf höchster Stufe vorheizen. Die Austern aus den Schalen lösen, sie aber darin liegen lassen.

Ein großes Backblech mit Salz bedecken. Normales Tafelsalz ist völlig ausreichend, da es hinterher ohnehin weggeworfen wird.

Die Gänseleber in 1 cm große Würfel schneiden und diese in den Zwiebackbröseln wenden, bis sie rundherum bedeckt sind. Das Wasser von den Austern abgießen und sie in ihren Schalen auf das Salzbett legen.

Die Gänseleberstücke gleichmäßig über die Austern streuen und das Backblech anschließend etwa 5 Minuten unter den Grill stellen, bis die Flüssigkeit in den Austern zu blubbern beginnt.

Die Austern vor dem Servieren mit dem Schnittlauch garnieren.

WOLFSBARSCH MIT GRÜNEM GEMÜSE

Viele Franzosen lieben das Dekorum einer formellen Dinnerparty. Wenn Sie Ihren Gästen also einmal ein schickes Abendessen auf französische Weise bieten wollen, sollten Sie wenigstens Vorspeise, Hauptspeise, Dessert und eine Käseplatte servieren. Damit das Ganze harmonisch wird, sollte das Hauptgericht eher leicht sein, so wie dieses. Wenn Sie die Vorspeise und das Dessert bereits vorbereitet haben, müssen Sie sich eigentlich nur noch um das Hauptgericht kümmern. Mit dem fangfrischen Fisch und dem grünen Gemüse servieren Sie Ihren Gästen mit minimalem Aufwand ein wunderbares, gesundes Essen.

4 Personen

4 Wolfsbarschfilets à 150–200 g, mit Haut
Olivenöl
Fleur de Sel und schwarzer Pfeffer (frisch gemahlen)
1 Stückchen Butter
1 Schalotte (geschält, sehr fein gehackt)
6–8 Handvoll frisches Gemüse, z. B. Spinat oder Kohl (gewaschen, abgetropft)
1 Handvoll Schnittlauch (geschnitten)
1 Zitrone (halbiert)

Den Ofen auf 190 °C (Gas Stufe 5) vorheizen.

Den Fisch mit etwas Olivenöl auf ein mit Alufolie ausgelegtes Backblech geben und leicht mit Fleur de Sel bestreuen. Dann den Barsch etwa 7 Minuten im Ofen schmoren.

Etwas Öl und Butter in einem großen, flachen Topf erhitzen. Die Schalotte darin anschwitzen, bis sie weich und glasig ist. Dann das Gemüse hinzufügen und garen, bis es heiß ist und zusammenfällt. Das Ganze mit Fleur de Sel und Pfeffer abschmecken.

Das Gemüse mit den Fischfilets, dem Schnittlauch, etwas Fleur de Sel und 1 Spritzer Zitronensaft servieren.

VERRINE AUS SÜSSKARTOFFELN UND KRABBEN

Geschichtete Speisen in kleinen Glasschälchen oder *Verrines* haben sich in Frankreich während der letzten Jahre wie ein Lauffeuer verbreitet. Man folgte damit dem Trend zu Miniportionen, der wiederum durch die Begeisterung für Tapas ins Leben gerufen wurde. Inzwischen bekommt man diese Verrines überall, von der Käserei bis zum Bäcker. Das ist nicht weiter verwunderlich, sind sie doch äußerst praktisch, hübsch anzusehen und erlauben einen großen Spielraum für Geschmacksexperimente – heiß oder kalt, gekocht oder roh, süß oder herzhaft. Zu Hause braucht man ein bisschen Zeit und Fantasie für die Vorbereitung, aber es lohnt sich. Diese Verrines sind mit Süßkartoffelpüree und würzigem Krabbenfleisch gefüllt und lassen sich warm oder kalt servieren.

6 Personen

500 g Süßkartoffeln (geschält, geschnitten, gekocht)
Salz und schwarzer Pfeffer (frisch gemahlen)
1 Avocado (geschält, entsteint, gewürfelt)
150 g Krabbenfleisch
Saft und Schale von 1 Limone
1 gestrichener TL Cayennepfeffer, Ras el-Hanout oder eine Gewürzmischung nach Wahl
Olivenöl

Die Süßkartoffeln glatt pürieren und mit Salz und Pfeffer abschmecken.

Nun die Avocado mit dem Krabbenfleisch, dem Limonensaft und der -schale, den Gewürzen und etwas Olivenöl mischen.

Die Gläschen zu zwei Dritteln mit dem Süßkartoffelpüree füllen und etwas von der Krabben-Avocado-Mischung obenauf geben.

BOUDIN-BLANC-PÄCKCHEN MIT TRÜFFELÖL

Boudin blanc, die blutfreie, weiße Version der *Boudin noir*, wird meist aus Schweinefleisch, Schweinefett oder Butter sowie Sahne oder Milch hergestellt. Diese Wurst wird traditionell um Weihnachten serviert. Vermutlich stammt sie von dem gekochten Milchpudding ab, den man im Mittelalter zu den Feiertagen aß. Heute enthalten viele Sorten *Boudin blanc* bereits schwarze Trüffel, aber ein bisschen Trüffelöl extra kann nie schaden, um den Geschmack noch zu verbessern. Falls Sie keine *Boudin blanc* bekommen oder keine Weißwurst mögen, können Sie auch *Boudin noir* oder Blutwurst verwenden und den Päckchen ein paar gekochte oder gebratene Apfelstücke hinzufügen.

6 Personen

250 g Boudin blanc oder Weißwurst oder
250g Boudin noir oder Blutwurst
100 g Butter
5 Platten Blätterteig
Schnittlauch (fein geschnitten)
Trüffelöl

Den Ofen auf 190 °C (Gas Stufe 5) vorheizen.

Die Boudin blanc längs halbieren und die Hälften in 2 cm große Stücke schneiden. Diese etwa 5 Minuten anbraten und die Wurst dann warm halten.

Die Butter in einem Topf schmelzen. Den Blätterteig ausrollen und in 6 cm breite Streifen schneiden. Die Streifen mit der Butter bestreichen. Auf ein Ende ein Stück Boudin blanc legen und etwas Schnittlauch darüberstreuen. Das Ganze anschließend aufrollen und die Enden zusammendrücken, sodass kleine Wurstpäckchen entstehen. Diese im Ofen etwa 10 Minuten goldbraun backen.

Vor dem Servieren etwas Trüffelöl über die Wurstpäckchen träufeln.

CHAMPAGNERBECHER MIT MANDARINEN

Dieses kleine Dessert eignet sich perfekt als Abschluss eines reichhaltigen Weihnachtsessens und wurde von der Kochbuchautorin Keda Black kreiert, die für die neue, abenteuerlustige, kreative französische Küche steht. Die Champagnerperlen fühlen sich in Kombination mit der Frische des Sorbets nach dem schweren Essen am Gaumen einfach toll an. Dieser Nachtisch ist eine gute Alternative zu den klassischen Weihnachtsdesserts wie *Bûche de Noël*. Für diejenigen, die es lieber klassisch mögen, gibt es auf S. 177 auch noch das Rezept für *Bûche de Noël*.

6 Personen

Schale und Saft von 1 Orange
Schale und Saft von 1 Zitrone
50 g Zucker
6 Blatt weiße Gelatine
750 ml Sekt oder Champagner
150 ml Schlagsahne
6 Mandarinen
1 l Zitronen- oder Mandarinensorbet

Die abgeriebene Zitronen- und Orangenschale mit dem Zucker und 500 ml Wasser in einen Topf geben. Den Zucker auf kleiner Flamme schmelzen, bis ein leichter Zitrussirup entsteht.

Die Gelatine in kaltem Wasser einweichen. Dann das überschüssige Wasser herausdrücken und die Blätter in dem warmen Sirup auflösen. 2 EL Orangensaft hinzufügen, alles gut verrühren und das Ganze dann etwa 1 Stunde in den Kühlschrank stellen, bis es anfängt, fest zu werden.

Nun 500 ml Champagner (oder Sekt) hineingießen und ganz vorsichtig umrühren. Das Gelee zurück in den Kühlschrank stellen und dort ganz fest werden lassen.

Die Sahne steif schlagen und kalt stellen.

Die Mandarinen schälen und filetieren.

Kurz vor dem Servieren die einzelnen Gläser folgendermaßen füllen: Mit 1 großen Löffel Gelee beginnen, gefolgt von etwas Frucht und Sorbet. Das Ganze wiederholen, bis die Gläser gefüllt sind. Obenauf 1 Löffel Schlagsahne geben. Als Garnierung einige Mandarinenstückchen in die Sahne stecken.

MILLEFEUILLE

Cancale ist eine Stadt in der Bretagne, die für viele Dinge bekannt ist: für die Austern-
bänke vor dem Hafen, für Meeresfrüchte, gesalzene Butter und für bretonische Kekse.
Es scheint, als wäre jedes zweite Geschäft ein Lebensmittelgeschäft, eine *Épicerie fine*,
in der bretonische Spezialitäten verkauft werden. Es ist ein nettes Städtchen mit einem
hübschen Pier, einem tollen Markt und einem Austernstand, an dem man seine Austern
verspeisen und die Schalen auf den Strand werfen kann – wie es viele andere Genießer
zuvor bereits getan haben. Mein Hauptgrund, nach Cancale zu fahren, ist jedoch Olivier
Roellingers Bäckerei „Grain de Vanille", in der die berühmtesten Millefeuilles Frankreichs
produziert werden.

Das Rezept für dieses unglaubliche Millefeuille wird gehütet wie ein Staatsgeheim-
nis. Oliviers Meisterwerk wird nur zweimal pro Woche gebacken, und zwar perfekt auf
das sonntägliche Mittag- und Abendessen abgestimmt, da es nur wenige Stunden locker
und knusprig bleibt. An diesen Tagen ist die gesamte Bäckerei mit dem Backen und
dem Verkauf der Leckerei beschäftigt. Aushilfspersonal wird eingestellt, und die Regale
werden leergeräumt. Um exakt 11.30 Uhr wird die Morgenausgabe vom Chefpâtissier
höchstpersönlich zusammengesetzt. Zwei dicke Schichten *Crème pâtissière*, die mit dem
Mark der Tahitivanille gesprenkelt sind – auf einen Liter Milch kommen zwei Vanilleschoten, ein teures Vergnügen! – und die durch steif geschlagene Sahne aus der Normandie
aufgelockert wurden, werden zwischen drei rechteckigen, karamellfarbenen Stücken Blätterteig verteilt, die am Vortag gebacken wurden. Anschließend wird die Oberseite mit
Puderzucker bestreut und dieser mit einem Küchenbrenner karamellisiert. Dadurch un-
terscheiden sie sich erheblich von den normalen Karamellschichten, die andere Bäcker
direkt auf den Teig backen, der dadurch jedoch sehr hart wird. Zuletzt wird ein Stück getrocknete Vanilleschote obenauf gelegt. Inzwischen hat sich vor der Bäckerei eine lange
Schlange von Menschen gebildet, die ihre vorbestellte Ware abholen wollen. Kurzent-
schlossene haben keine Chance, denn übrig bleibt nie etwas.

Dieser Kuchen ist einfach zu aufwendig, um ihn zu Hause auszuprobieren. Ich ziehe
es daher vor, ihn in seine Bestandteile zu zerlegen und meinen Gästen separat zu servieren. Das Rezept für diese Version finden Sie auf S. 180. Falls Sie aber zufällig jemals
in der Gegend von Cancale sind, sollten Sie es auf keinen Fall verpassen, das Original
vorzubestellen – es lohnt sich!

CAFÉ GOURMAND

Dieses Dessert serviere ich oft, wenn meine französischen Freundinnen vorbeikommen. Ihre Gaumen sehnen sich zwar nach etwas Süßem, ihr Gewissen gestattet ihnen aber nur einen kleinen Happen. Ich mache mir das Leben einfach, indem ich die Mousse selbst mache, die Schokoladenhäppchen aber kaufe. Sie können z. B. kleine Schokoküchlein oder Makronen aus dunkler Schokolade verwenden. Meine Freundinnen lieben mich dafür, dass ich eher an ihre schlanke Linie als an ihren Appetit denke.

4 Personen

80 g hochwertige dunkle Schokolade
3 mittelgroße Eier (getrennt)
4 kleine Schokoküchlein, z. B. Brownies oder Makronen
4 Tassen sehr guter Espresso

Die Schokolade im Wasserbad schmelzen.

Nacheinander die Eigelbe hineingeben und dabei ständig umrühren.

Das Eiweiß steif schlagen und es vorsichtig unter die Schokoladenmischung heben.

Die Mousse in kleine Gläser oder Schalen füllen und im Kühlschrank 2–3 Stunden fest werden lassen. Für jeden Gast einen kleinen Teller mit Mousse, einem Schokoküchlein und einem Espresso bereitstellen.

DER ULTIMATIVE SCHOKOLADENKUCHEN

Selbst nach einer ausgedehnten Vorspeise, einem mächtigen Hauptgericht und einer Käseplatte à la „Tour de France" gelüstet es die meisten noch nach etwas Süßem. Und manchmal muss es einfach Schokolade sein, deshalb sollte man immer ein paar leckere Schokoladenrezepte parat haben. Die Portionen dürfen ruhig klein sein, wenn der Geschmack stimmt. Dieser Kuchen passt perfekt in dieses Schema – schokoladiger geht es nicht!

6–8 Personen

FÜR DEN KUCHENBODEN
250 g Mehl
100 g Puderzucker
1 EL Kakaopulver
200 g Butter (eiskalt, in Stücke geschnitten)
2 Eigelb (mit 1 EL Wasser verquirlt)

FÜR DIE SCHOKOLADENCREMEFÜLLUNG
200 ml Sahne
300 g hochwertige dunkle Schokolade (in kleinen Stücken)
3 Eigelb
40 g ungesalzene Butter

Den Ofen auf 190 °C (Gas Stufe 5) vorheizen.

Alle trockenen Zutaten für den Teig zusammen mit der Butter in eine Küchenmaschine geben oder alles mit dem Handrührgerät durchrühren, bis das Ganze wie Semmelbrösel aussieht. Eine Vertiefung in die Mitte drücken und geben die Eigelbe hineingeben. Die Mischung mit einem Holzlöffel verrühren und dann mit den Händen eine Kugel aus dem Teig formen. Diese in Frischhaltefolie wickeln und mindestens 2 Stunden in den Kühlschrank legen.

Anschließend den Teig auf einer kühlen Oberfläche ausrollen und damit entweder eine runde (28 cm Durchmesser) oder eine ähnlich große, eckige Kuchenform auslegen. Den Boden mehrmals mit einer Gabel einstechen.

Den Teig im Ofen 15–20 Minuten backen, bis die Ränder knusprig sind. Dann herausnehmen und ihn vollständig abkühlen lassen.

Für die Füllung die Sahne erhitzen, bis sie fast kocht. Die Schokolade in eine hitzebeständige Schüssel geben und die heiße Sahne darübergießen. Alles gut durchrühren. Nun die Eigelbe und die Butter sorgfältig mischen und das Ganze noch einmal hinzufügen.

Die Masse in die Teigform füllen und den Kuchen 3–4 Stunden kalt stellen, damit die Schokoladencreme fest wird.

Im Gegensatz zu den Iren sind die Franzosen keine begeisterten Hobbybäcker. Kaum jemand hier würde auf die Idee kommen, sich einen ganzen Nachmittag in die Küche zu stellen und Blech- oder Biskuitkuchen sowie Scones für das Frühstück oder den Nachmittagstee auf Vorrat zu backen. Das hat zum Teil damit zu tun, dass man Gäste hier hauptsächlich zu „richtigen" Mahlzeiten – Mittag- oder Abendessen – anstatt zum Kaffee einlädt. Außerdem gibt es hier selbst im kleinsten Dorf an jeder Ecke eine Bäckerei bzw. Konditorei. Warum sollte man sich also die Mühe machen, wenn es doch überall Konditormeister gibt, die es sowieso viel besser können? In Frankreich muss man sich nicht dafür schämen, zum Kaffee oder zum Nachtisch gekauften Kuchen zu servieren. Eine gute Auswahl zu treffen, zu einer guten Bäckerei zu fahren oder sogar eine lokale Spezialität vorzubestellen wird von den Gästen als genauso aufmerksam bewertet, als würde man sich stundenlang mit dem Backen eines aufwendigen Kuchens beschäftigen.

Profiköche sehen das Kuchenbacken als separate Disziplin an. Für viele Meisterköche ist das Dessert lediglich ein Nachtrag, ein kleines Extra, nicht aber der kreative Dreh- und Angelpunkt einer Mahlzeit. Bessere Restaurants haben einen eigenen Pâtissier. Dort wird das Dessert mit dem Respekt betrachtet, der ihm meiner Ansicht nach gebührt. In null Komma nichts ist Ihr Tisch dort mit kleinen Häppchen, mehreren Desserts und noch einigen *Petits Fours* bedeckt!

Wenn Sie, wie ich, auf der Speisekarte immer zuerst nach den Desserts schauen und Ihr Menü rückwärts planen, sodass am Ende noch genug Platz für die Nachspeise bleibt, dann ist dieses Kapitel für Sie genau richtig. Ich habe auch die Rezepte für die großen Festtagskuchen wie den Weihnachtskuchen (*Bûche de Noël*) und den Dreikönigskuchen (*Galette des Rois*) aufgenommen, falls Sie einmal eine Herausforderung suchen. Außerdem finden Sie ein Rezept für *Far breton*, der sich tagelang hält und ideal für ein Picknick geeignet ist. Natürlich herrschen die Tartes in diesem Kapitel vor, zusammen mit vielen Desserts auf Obstbasis, sodass Sie die besten Produkte der jeweiligen Jahreszeit verwenden können. Zuletzt finden Sie auch noch einige Ideen, die genauso gut im Kapitel „RAFFINIERT" hätten stehen können. Ich hoffe, es gelingt mir, den Hobbykonditor in Ihnen zu wecken.

SÜSS

HIMBEERTARTE

Damit dieser Kuchen wirklich schön aussieht, muss man sehr sorgfältig vorgehen. Es ist schon erstaunlich, was man mit ein paar gut platzierten Himbeeren und etwas Puderzucker erreichen kann, wenn der Boden vielleicht nicht ganz perfekt gelungen ist. Was den Geschmack betrifft, darf man allerdings keine Abkürzung nehmen. Entweder man macht den Mürbeteigboden selbst, oder man sucht sich einen anderen Kuchen aus! Der buttrige, süße Mürbeteig dient als Grundlage für die frischen Früchte, deren Geschmack durch die Vanillecreme noch betont wird. Das Ganze lässt sich gut vorbereiten und unmittelbar vor dem Eintreffen der Gäste zusammensetzen. Man sollte den Kuchen aber nicht zu lange stehen lassen, weil der Teig sonst zu sehr durchfeuchtet wird.

6–8 Personen

500 g frische Himbeeren
Puderzucker (wahlweise) zum Servieren

FÜR DEN MÜRBETEIG
250 g Mehl
2 TL Zucker (oder Vanillezucker)
1 Prise Fleur de Sel
125 g eiskalte, ungesalzene Butter (in kleine Stücke geschnitten)

FÜR DIE CRÈME PÂTISSIÈRE
400 ml Vollmilch
1 Vanilleschote (längs halbiert)
5 große Eigelb
100 g Zucker
50 g Mehl (gesiebt)

Für den Mürbeteig das Mehl in eine Schüssel sieben, den Zucker und das Salz hinzugeben und alles verrühren. Dann die Butterstücke mit den Fingern in das Mehl kneten. Den Teig dabei so oft wie möglich wenden, damit genug Luft hineingelangt, denn das macht ihn locker und mürbe.
Wenn die Mischung wie Semmelbrösel aussieht, eine Vertiefung in die Mitte drücken und ein paar Esslöffel eiskaltes Wasser hineingeben. Das Ganze rasch zu einem glatten Teig verkneten und eine Kugel daraus formen. Die Kugel in Frischhaltefolie wickeln und 30 Minuten ins Eisfach oder mindestens 1 Stunde in den Kühlschrank legen.

Anschließend den Teig so groß ausrollen, dass man damit eine Tarteform von 20–22 cm Durchmesser auslegen kann. Diese anschließend noch einmal 15 Minuten in das Eisfach oder 30 Minuten in den Kühlschrank stellen.

Den Ofen auf 200 °C (Gas Stufe 6) vorheizen. Den Teig einige Male mit der Gabel einstechen, mit Backpapier bedecken und die Tarteform mit trockenen Bohnen oder Erbsen füllen. Den Teig etwa 15 Minuten blind backen, bis die Ränder goldbraun sind. Die Hülsenfrüchte herausnehmen und den Boden gegebenenfalls weitere 5 Minuten backen, wenn er noch zu weich ist – meist ist er aber bereits fertig. Dann abkühlen lassen.

In der Zwischenzeit die Crème pâtissière (Vanillecreme) zubereiten. Die Milch zusammen mit der halbierten Vanilleschote erhitzen und das Ganze vorsichtig aufkochen lassen. Gleichzeitig die Eigelbe mit dem Zucker schaumig schlagen. Das Mehl hinzufügen und es sorgfältig verrühren.

Die heiße Milch in die Eiermischung gießen und alles gut mit dem Schneebesen verrühren. Die Mischung anschließend zurück in den Topf geben und langsam unter ständigem Rühren noch einmal erwärmen, damit sich auch die letzten Klümpchen auflösen und die Creme eindickt. Die Mischung 2 Minuten köcheln lassen. Wenn sie wieder etwas flüssiger wird, ist sie fertig. Ist die Masse nicht richtig gekocht, tritt geschmacklich das Mehl anstelle der Vanille hervor. Die Creme nun vom Herd nehmen, in eine Schüssel füllen und vollständig abkühlen lassen.

Die fertige Creme auf den Kuchenboden geben und das Ganze sorgfältig glatt streichen. Alle Himbeeren aussortieren, die nicht mehr ganz fest sind, und die restlichen Früchte dicht an dicht auf den Kuchen setzen. Unmittelbar vor dem Servieren den Kuchen nach Belieben mit Puderzucker bestäuben.

ERDBEER-PFIRSICH-EISBECHER

Dieses Dessert ist eine Variante des englischen Trifle. Es ist ideal dafür geeignet, in hübschen Gläsern zur Schau gestellt zu werden. Falls das Essen ein bisschen länger dauert als geplant und das Dessert im Kühlschrank darauf wartet, verzehrt zu werden, werden die Kekse weich, und die Schichten verbinden sich miteinander – so schmeckt es später noch himmlischer!

4 Personen

16 Amarettini
Amaretto oder Pfirsichlikör
600 ml Sahne (steif geschlagen)
4 Pfirsiche (geschält, entkernt, in Scheiben geschnitten)
300 g Erdbeeren (gewaschen, geputzt, Stielansatz entfernt)

Die Amarettini zerdrücken und die Krümel in den Gläsern verteilen. Die Gläser sollten etwa zu einem Drittel gefüllt sein.

Mit dem Likör übergießen und einen Löffel Schlagsahne daraufgeben. Als Nächstes sind die Pfirsichscheiben an der Reihe, gefolgt von einem weiteren Löffel Sahne.

Die Erdbeeren pürieren und diese schließlich als letzte Schicht über die Sahne geben.

»SCHWIMMENDE INSELN« MIT PRALINES-ROSEN

Der Begriff „Pralines" bezieht sich hier auf eine französische Spezialität: zuckerverkrustete Mandeln, die eingefärbt und aromatisiert werden können. Zerstößt man das Ganze, wird daraus eine Masse, die in Kuchen und Desserts zum Einsatz kommt. Rosafarbene Pralines-Rosen verwendet man vor allem für *Tarte aux pralines*, eine Dessertspezialität aus Lyon, sowie im *Brioche aux pralines*. Die rosa Farbe verteilt sich im lockeren Briocheteig, und die Mandeln sorgen für den richtigen Biss. Bei diesem Rezept ist es ähnlich. Sie können die rosafarbene Süßigkeit entweder in das Baiser geben, sie der *Crème Anglaise* zufügen oder sie einfach über das fertige Dessert streuen.

4 Personen

125 g Zucker (plus 2 EL extra)
5 Eier (getrennt)
500 ml Vollmilch
4 EL Pralines-Rosen

Die 125 g Zucker mit den Eigelben schaumig schlagen.

Die Milch aufkochen lassen, zu der Eiermischung geben und alles gut verrühren. Die Eiercreme zurück in den Topf füllen und so lange köcheln lassen, bis sie einzudicken beginnt. Anschließend die Creme abkühlen lassen.

Das Eiweiß mit dem restlichen Zucker ganz steif schlagen. Mit einem Metalllöffel kleine Häufchen von etwa 5 cm Durchmesser formen. Diese nun in heißer Milch pochieren oder einfach im Mikrowellenherd auf einem Glasteller 30 Sekunden garen. Sobald das Baiser aufzugehen beginnt, den Herd abschalten.

Zum Servieren die Baiserinseln auf ein Bett aus Eiercreme setzen – entweder in kleinen Schälchen oder in einer großen Schüssel – und die rosa Pralines darüberkrümeln.

TARTE FINE MIT ÄPFELN

In traditionellen Konditoreien sind die Pâtissiers stolz darauf, ihre *Tarte fine aux pommes* so gut wie nur irgend möglich zu backen. Im Gegensatz zu den rustikalen Apfelpasteten mit ihrer reichhaltigen Füllung und der Teigkruste müssen diese Tartes sehr dünn sein und aus klar definierten Schichten bestehen. Zuerst beißt man in die zarten, geschmorten Apfelscheiben, die auf einem weichen Bett aus Apfelmus liegen. Darunter ist dann der knusprige Blätterteig, der an den Rändern durch den süßen Apfelsaft karamellisiert wurde. Alles soll schön ordentlich und sauber aussehen, d. h., man muss sich beim Zubereiten etwas Mühe geben. Sie müssen den Blätterteig nicht selbst machen, aber wenn Sie gekauften Teig verwenden, sollten Sie diesen so dünn wie möglich ausrollen.

4 Personen

4 Granny-Smith-Äpfel
1 Paket fertiger Blätterteig
1 Eigelb (verquirlt) oder etwas Milch
50 g Butter (gern gesalzene Butter, geschmolzen,
plus etwas extra zum Einfetten)
4 EL Zucker

Zwei der Äpfel schälen, das Gehäuse entfernen und sie anschließend in Scheiben schneiden. Diese mit 1 EL Wasser in einen Topf mit fest schließendem Deckel geben, die Äpfel darin zu Mus kochen und das Ganze abkühlen lassen.

Den Ofen auf 160 °C (Gas Stufe 3) vorheizen.

Den Teig ganz dünn ausrollen und in zwei gleich große Rechtecke schneiden. Diese auf Backpapier legen und den Teig 1–2 cm vom Rand entfernt rundherum einritzen (nicht ganz durchschneiden!), damit eine „Grenze" entsteht.

Das Apfelmus gleichmäßig auf den beiden inneren Rechtecken verteilen.

Nun die anderen beiden Äpfel schälen, das Gehäuse entfernen und sie in sehr dünne, halbmondförmige Scheiben schneiden. Die Scheiben so gleichmäßig wie möglich auf dem Apfelmus verteilen, sie sollten nicht über die Grenzen hinausragen.

Den überstehenden Teigrand mit dem verquirlten Ei oder ein wenig Milch bestreichen.

Die Äpfel mit der geschmolzenen Butter bepinseln, den Zucker darüberstreuen und die Tartes etwa 15 Minuten backen, bis der Teig aufgegangen und schön goldbraun ist und bis die Äpfel karamellisiert sind.

Die Tartes noch warm mit Schlagsahne oder gutem Vanilleeis servieren.

DREIKÖNIGSKUCHEN

Kaum hat man die Exzesse von Weihnachten und Silvester überstanden, wird man von den französischen Konditoren mit dem flachen, glänzenden Dreikönigskuchen – dem *Galette des Rois* – verführt. Es ist kaum zu glauben, dass es überhaupt Menschen gibt, die so kurz nach dem schweren Weihnachtsessen und der *Bûche de Noël* schon wieder Appetit auf den Blätterteigkuchen mit seiner Füllung aus Mandelmasse haben. Vielleicht geht es ihnen auch mehr um das Ritual, denn das Aufschneiden und Servieren des Kuchens wird regelrecht zelebriert.

Als ich das erste Mal dabei war, dachte ich, man erlaubte sich einen kleinen Scherz auf meine Kosten. Die Galette wurde in elf Stücke geschnitten (eines mehr, als Gäste anwesend waren), und dann schickte man mich unter den Tisch, wo ich die Namen aller Anwesenden ausrufen sollte, um so unvoreingenommen die Reihenfolge der Kuchenverteilung zu bestimmen. Das ist ganz wichtig, denn es geht um einiges! In jeder Galette ist ein kleiner Glücksbringer eingebacken. Eingeführt wurde dieser Brauch von den Römern, und wer den Glücksbringer in seinem Stück fand, wurde zum König des Festes gekrönt. Dieser Tradition huldigt man heute noch immer. Die Kuchen werden vor allem zum Fest der Heiligen Drei Könige serviert, die kleinen Glücksbringer sind inzwischen aus Porzellan und werden begeistert gesammelt.

Heute feiert man auf diese Weise das neue Jahr den ganzen Januar hindurch in der Familie, in der Firma, in Schulen usw. Bäcker und Konditoren legen immer eine Pappkrone mit in die Kuchenverpackung. Einige dieser Kronen sind regelrechte Kunstwerke, und die besseren bzw. bekannteren Konditoreien lassen sie teilweise von Künstlern oder Modedesignern entwerfen. Heutzutage dürfen der König oder die Königin ihren „Mitregenten" unter den restlichen Gästen wählen und haben die Ehre, alle zur nächsten Galette einzuladen. Das Extrastück, *la part du pauvre*, wurde früher an Bettler verteilt. Heute bekommt es immer der „gefräßigste" Gast, der unbedingt einen Nachschlag haben möchte. Bei meinen Kindern geht es vor allem um die Verlockung des „Preises" und die darauf folgende Krönung. Alle Augen sind aufmerksam auf das Messer gerichtet, und jeder lauscht, ob er ein verdächtiges Geräusch hört, wenn das Messer auf etwas Hartes trifft und das Geheimnis verrät.

GALETTE DES ROIS

Dieser Kuchen wird am 6. Januar, dem Dreikönigstag, serviert. Als Glücksbringer, der bestimmt, wer König oder Königin Ihrer Tafel wird, kann man z. B. – wie die Römer – eine trockene Bohne einbacken. Man kann aber auch die inzwischen traditionelle Porzellanfigur oder ganz einfach eine Münze verwenden.

6 Personen

1 Paket Blätterteig
50 g weiche Butter
2 Eier
50 g Zucker
1 EL Mehl
50 g Mandeln (gemahlen)
Einige Tropfen Bittermandelöl
1 Prise Salz
1 EL Rum (wahlweise)
1 Glücksbringer
1 Ei (leicht verquirlt)

Den Ofen auf 180 °C (Gas Stufe 4) vorheizen.

Ein Backblech mit Backpapier auslegen und erst einmal beiseitestellen.

Der Blätterteig sollte aufgetaut sein, aber bis zuletzt im Kühlschrank aufbewahrt werden.

Die Butter mit den beiden Eiern, dem Zucker und dem Mehl mischen. Anschließend das Mandelmehl hinzugeben und alles gut verrühren. Danach kommen das Bittermandelöl, das Salz und gegebenenfalls der Rum hinzu.

Den Blätterteig ausrollen und 2 Kreise mit je 22 cm Durchmesser ausschneiden. Einen auf das Backblech und den anderen wieder in den Kühlschrank legen. Die Mandelmasse auf dem Teigkreis verteilen, dabei einen 2 cm breiten Rand frei lassen.

Nun den Glücksbringer irgendwo auf die Mandelmasse legen und den Rand des Teiges mit dem verquirlten Ei bestreichen.

Den zweiten Blätterteigkreis aus dem Kühlschrank nehmen und ihn über die Mandelmasse legen. Die beiden Teigkreise sollten genau aufeinanderpassen. Vorsichtig die Ränder zusammendrücken, ohne dass dabei Mandelmasse austritt.

Den Kuchen mit dem restlichen Ei bestreichen und mit dem Messer in die Mitte ein kleines Loch stechen. Anschließend die Kuchenoberfläche vorsichtig mit dem Messer kreuz und quer einritzen.

Den Kuchen 10 Minuten backen und die Temperatur dann auf 160°C (Gas Stufe 3) reduzieren. Weitere 20 Minuten backen bzw. bis der Teig aufgegangen und goldbraun ist.

Den Kuchen vor dem Aufschneiden vollständig auskühlen lassen.

FAR BRETON MIT PFLAUMEN

Zusammen mit *Kouig amam* ist dies der bekannteste Kuchen der Bretagne. Das rustikale Backwerk aus süßem Crêpeteig, gespickt mit saftigen Pflaumen und aromatisiert mit Rum, passt perfekt zum rauen Klima der Region und eignet sich gut für ein Picknick. Natürlich schmeckt es als Nachtisch oder zum Kaffee genauso köstlich.

4–6 Personen

150 g Mehl
125 g Zucker
4 Eier (verquirlt)
500 ml Vollmilch
1 Spritzer Rum
200 g Backpflaumen
1 Eigelb (verquirlt)

Den Ofen auf 180 °C (Gas Stufe 4) vorheizen.

Das Mehl in eine Schüssel sieben, den Zucker hinzugeben und alles gut verrühren. Eine Vertiefung in die Mitte drücken, 4 Eier hineingeben und das Ganze zu einem glatten Teig verrühren.

Unter ständigem Rühren nach und nach die Milch hinzufügen und den Rum in die Mischung geben.

Eine runde Auflaufform von 20–22 cm Durchmesser einfetten, den Teig hineingießen und die Pflaumen darauf verteilen. Die Mischung nun etwa 30 Minuten backen.

Die Mischung aus dem Ofen nehmen, die Oberfläche mit dem verquirlten Eigelb bestreichen und den Kuchen weitere 25–30 Minuten backen, bis er goldbraun ist.

Den Far breton warm mit Schlagsahne servieren.

PFLAUMEN-KIRSCH-KOMPOTT MIT VANILLE

Dies ist der schnellste und einfachste Weg, die Früchte der Saison zu nutzen. Pflaumen und Kirschen passen perfekt zusammen, und die Vanille rundet ihren Geschmack ab. In meiner Landküche träumte ich immer davon, Obstkonserven und Kompott auf Vorrat einzukochen, aber irgendwie wurde das Obst bei uns viel zu schnell aufgegessen!

4 Personen

12 rote Pflaumen
200 g reife Kirschen
Zucker nach Geschmack
1 Vanilleschote (längs halbiert)

Die Früchte waschen, die Stiele entfernen, entsteinen und alles mit dem Zucker und der Vanilleschote in einen Topf geben. Das Obst langsam erhitzen und dann köcheln lassen, bis es anfängt zu saften und weich zu werden. Den Topf vom Herd nehmen und ihn noch eine Weile stehen lassen, damit sich das Vanillearoma ausbreiten kann.

Das Kompott warm oder kalt servieren, mit Pudding, Sahne, Butter- oder Mandelkeksen.

MILCHCREME MIT ROSENWASSER UND KARDAMOM

Rosenwasser und Kardamom sind Gewürze, die vorwiegend aus der tunesischen und marokkanischen Küche stammen. Pierre Hermé, ein berühmter Pâtissier, der in den letzten Jahren großen Einfluss auf die Entwicklung französischer Desserts und Süßigkeiten hatte, verwendet Rosenwasser in seinen leckeren Kuchen und machte es auf diese Weise bekannt. Hier ist meine eigene Dessertversion: ein zarter, einfacher Nachtisch, der gut in den Sommer passt.

6 Personen

1 l Vollmilch
2 EL Zucker
Einige Tropfen Rosenwasser
1/2 TL Kardamompulver
Rosenblüten (bzw. Pistazien oder Mandeln) als Garnierung

Die Milch vorsichtig aufkochen lassen und dann etwa 10 Minuten um ein Drittel einkochen.

Den Zucker hinzugeben und die Mischung weitere 10 Minuten köcheln lassen.

Die Creme abkühlen lassen, bevor das Rosenwasser und der Kardamom hinzugefügt werden. Dann das Ganze auf Gläser verteilen und 2–3 Stunden kalt stellen. Schließlich die einzelnen Portionen mit den Rosenblüten verzieren.

ARME RITTER MIT BROMBEERSAUCE

Dies ist eine lockerere, reichhaltigere Version des klassischen Rezepts. Meine Mutter bereitete dieses Gericht immer für mich zu, wenn ich nach einer Krankheit auf dem Weg der Genesung war, – ich liebte es, weil mir endlich wieder etwas schmeckte, und ich hasste es, weil ich nun bald wieder zur Schule musste.

In den letzten Jahren erlebten die Armen Ritter in Frankreich ein regelrechtes Revival, und auf einmal findet man alle möglichen Gerichte, die „glücklich" machen, auf den Speisekarten gehobener Restaurants. Bei diesem Rezept können Sie das altbackene Brot, das wir traditionellerweise verwenden, gleich vergessen und auf die frischeste Brioche zurückgreifen, die Sie finden können.

4 Personen

200 g frische oder tiefgefrorene Brombeeren
2–3 EL Puderzucker
2 Eier
50 ml Vollmilch
4 dicke Scheiben frische Brioche
75 g Butter
Puderzucker zum Servieren

Die Brombeeren in etwas Wasser pochieren und nach Belieben Puderzucker hinzufügen. Das Ganze anschließend beiseitestellen.

Die Eier mit der Milch verrühren und die Mischung in eine breite Schüssel füllen. Die Briochescheiben ganz kurz in die Eiermilch tauchen. Sie sollen vollgesaugt sein, aber nicht auseinanderfallen.

Die Butter erhitzen und die Briochescheiben darin auf beiden Seiten goldbraun anbraten.

Das Ganze anschließend mit Puderzucker (oder normalem Streuzucker) bestreuen und die noch warmen Brombeeren dazu servieren.

BÛCHE DE NOËL

Diesen Weihnachtskuchen sollte man wenigstens einmal selbst herstellen. Das Rezept ist ideal, um Kinder mit einzubeziehen. Die Zutaten sind großzügig bemessen, falls etwas misslingt, und die Buttercremeglasur birgt Gelegenheiten dazu.

Heutzutage gibt es viele unterschiedliche Versionen, von Eiscremestämmen bis zu Baiservarianten. Jedes Jahr zu Weihnachten liegen die berühmtesten Pariser Konditoren miteinander im Wettstreit und entwerfen ausgefallene Varianten des Bûche de Noël. So gab es z. B. eine Version von Karl Lagerfeld mit kandierten Früchten und Juwelen. Philippe Starck entwarf einen Kuchen mit Holzgeschmack. Die etwas traditionellere Version aus Biskuitteig und Buttercreme kann man aber ganz leicht selbst zubereiten.

6 Personen

3 Eier
75 g Zucker
50 g Mehl (gesiebt)
25 g Kakaopulver (gesiebt)
100 g dunkle Schokolade (geschmolzen, zum Dekorieren)

FÜR DIE GLASUR
100 g weiche, ungesalzene Butter
100 g Puderzucker (gesiebt)
1 TL Grand Marnier
50 g Kakaopulver (gesiebt)
3–4 EL Maronipüree

Den Ofen auf 190 °C (Gas Stufe 5) vorheizen. Die Eier mit dem Zucker schaumig schlagen und das Mehl sowie das Kakaopulver mit einem Metalllöffel unter die Mischung heben.

Ein Backblech mit Backpapier auslegen. Die Mischung gleichmäßig mit einem Teigschaber darauf ausstreichen und den Teig 10–12 Minuten backen, bis er sich fest anfühlt. Den Biskuitboden mit dem

Backpapier vom Blech nehmen und auf einem Kuchengitter abkühlen lassen. Anschließend so viele gleich große Kreise wie möglich aus dem Teig ausschneiden oder -stechen.

Für die Glasur Butter und Puderzucker mit einem Handrührgerät mischen. Grand Marnier und Kakao hinzufügen und ständig weiterrühren. Zuletzt das Maronipüree sorgfältig unterrühren.

ARRANGEMENT
Ein Stück Pappe ausschneiden, das genauso breit ist wie die Teigkreise, aber etwa doppelt so lang wie alle aufeinandergestapelten Kreise. Die Pappe in Alufolie wickeln. Eine Seite des ersten Teigkreises mit Buttercreme bestreichen und diesen mit der Cremeseite nach oben auf die Arbeitsfläche legen. Den nächsten Kreis obenauf legen, mit Buttercreme bestreichen usw., bis ein Turm entsteht.

Wenn alle Biskuitkreise verarbeitet sind, den Turm auf die Seite legen. Etwas Glasur auf das Pappstück streichen, damit der Kuchen nicht wegrutscht. Dann den Biskuitturm darauflegen und ihn mithilfe einer Palette rundherum mit Buttercreme bestreichen. Man sollte heißes Wasser und ein Tuch zur Hand haben, um die Palette zwischendurch abwischen zu können. Zuletzt die Glasur mit einer Gabel bearbeiten, damit der Kuchen wie ein Baumstamm aussieht.

DEKORATION
Die geschmolzene Schokolade so auf ein Stück Backpapier tropfen, dass sie wie ein Tannenbaum aussieht. Dann das Ganze an einem kühlen Ort (nicht im Kühlschrank!) kalt und fest werden lassen. Sobald dies geschehen ist, vorsichtig das Backpapier abziehen und den Tannenbaum auf den Kuchen setzen.

Vor dem Servieren den Kuchen an einem kühlen Ort aufbewahren. Der Kühlschrank eignet sich nicht dafür, da die Feuchtigkeit die Glasur verdirbt.

ERDBEER-MILLEFEUILLE IN EINZELTEILEN

Es gibt viele klassische, französische Kuchen, die nur in die Hände von ausgebildeten Konditoren gehören und an die man sich zu Hause nicht heranwagen sollte. Wer einmal die Perfektion des Millefeuille von Olivier Roellinger in Cancale (siehe S. 155) gekostet hat, weiß, was ich meine. Indem man das Ganze aber auseinandernimmt, hat man mehr Gelegenheit, bei jedem Bissen mit den Mengenverhältnissen zu experimentieren und die einzelnen Geschmacksrichtungen klar zu ergründen.

4 Personen

1 Paket fertiger Blätterteig
50 g Butter (geschmolzen)
250 g Erdbeeren (gewaschen, geputzt)
Puderzucker zum Servieren

FÜR DIE CRÈME PÂTISSIÈRE
5 Eigelb
100 g Zucker
1 EL Mehl
300 ml Vollmilch
1 Vanilleschote (längs halbiert)

Den Ofen auf 180 °C (Gas Stufe 4) vorheizen.

Zuerst die Crème pâtissière zubereiten. Dafür die Eigelbe mit dem Zucker und dem Mehl schaumig schlagen.

Die Milch mit der Vanilleschote aufkochen. Das Ganze in die Eiermischung gießen und gut unterrühren. Dann alles wieder in den Topf geben und unter ständigem Rühren erneut erwärmen.

Sobald die Creme einzudicken beginnt, sie noch 1–2 Minuten sanft köcheln lassen. Dann den Topf vom Herd nehmen und die Creme vollständig abkühlen lassen.

Den Blätterteig ausrollen und mit der geschmolzenen Butter bestreichen. Den Teig in lange Streifen schneiden und diese zu Stangen drehen drehen. Die Stangen auf ein Backblech legen und goldbraun backen.

Die Erdbeeren mit der Vanillecreme in kleine Gläschen füllen und dazu die Blätterteigstangen servieren, die vorher mit Puderzucker bestäubt werden.

MEERT-WAFFELN

Das französische Wort *gaufre* bedeutet übersetzt „Waffel" – eine ziemlich plumpe Bezeichnung für die zarten, kleinen Kunstwerke, die in der Pâtisserie Meert gebacken werden. Es scheint, als hätte man die Süße und die Dicke normaler Waffeln in Miniversionen destilliert, die in Goldpapier mit Monogramm gewickelt und ordentlich in Schachteln gepackt werden, die mit rosafarbenem Papier ausgeschlagen sind. Sie sind Welten von den dicken, lockeren, mit Sahne und Schokoladensauce überhäuften Gitterwerken entfernt, die in den meisten französischen Teestuben serviert werden.

Die wundervolle Konditorei Meert und die angeschlossene Teestube sind der Stolz der Stadt Lille im Norden Frankreichs. Es ist der älteste Süßigkeitenladen der Stadt, und er ist mit uraltem Putz, alten Schildern und antiken Kuchenschachteln dekoriert. Gegründet wurde Meert 1761, aber erst der Chocolatier Rollez gab dem Laden 1839 sein extravagantes Aussehen und kreierte die berühmten dünnen Waffeln, die mit Vanillebuttercreme gefüllt sind und zur Lieblingssüßigkeit Charles de Gaulles wurden.

Die Backwerke sind wirklich unglaublich süß. Die weichen, getoasteten Waffeln, zwischen denen die Buttercreme „gefangen" ist, haben ihr nichts entgegenzusetzen. Trotzdem wird der Geschmack von all der Süße nicht überwältigt, und das intensive Vanillearoma setzt sich immer wieder durch. Vielleicht liegt das an dem Puderzucker, der vor Ort von den Konditoren nach althergebrachter Methode aus Streuzucker hergestellt wird. Die Produktion der Waffeln wird nicht erhöht, und so kann es ziemlich schwierig sein, an welche heranzukommen. In Paris werden sie nur in der »Grande Epicerie du Bon Marche«, der berühmtesten Markthalle der Stadt, verkauft – aber auch nicht jeden Tag, da der Vorrat schnell zur Neige geht. Wie bei vielen regionalen Spezialitäten Frankreichs muss man sich auch bei den Meert-Waffeln die Mühe machen, zu ihnen zu gehen, anstatt zu erwarten, dass sie zu einem kommen. Ganz egal, wie heißbegehrt die Waffeln auch sein mögen, Tradition und Qualität stehen stets an erster Stelle. Ich kaufe sie inzwischen nicht mehr, denn ich kann niemals nur eine essen. Wer Süßes mag, wird bald süchtig nach ihnen sein.

MANDELEIS MIT ORANGENSUPPE

Dieses erfrischende, spanisch angehauchte Dessert will sorgfältig vorbereitet werden, lässt sich dann aber gut aufbewahren, bis man es benötigt. Falls Sie kein Mandeleis bekommen, können Sie auch Haselnuss- oder Vanilleeis verwenden.

4 Personen

10–12 Saftorangen
150 ml Weißwein
75 g Zucker
2 TL Speisestärke
Saft von 1 Zitrone
Grand Marnier (wahlweise)
Mandeleis
Geröstete Mandelblättchen oder Amarettini

Die Orangen schälen und filetieren. Dabei darauf achten, den gesamten Saft aufzufangen.

Den Wein erhitzen, den Zucker darin auflösen und das Ganze etwa 15 Minuten köcheln lassen.

Die Speisestärke mit etwas Wasser mischen und in den Weinsirup gießen. Die Orangenstücke sowie den Orangen- und Zitronensaft hinzufügen. Alles 2–3 Minuten sanft erhitzen, bis die Orangenstücke leicht auseinanderfallen.

Die Suppe nun abkühlen lassen und anschließend kalt stellen. Nach Belieben einen Schuss Grand Marnier hineingeben.

Die Suppe auf hübsche Gläser verteilen, je 1 Kugel Mandeleis hinzufügen und schließlich alles mit Mandelblättchen oder Amarettini ansprechend garnieren.

TOMATENTATIN

Es gibt viele Versionen der *Tarte Tatin*, und bei dieser lade ich Sie ein, die Tomate einmal nicht als Gemüse, sondern als Frucht anzusehen. Seit der berühmte Pâtissier Pierre Hermé seinen gefeierten Tomaten-Erdbeer-Salat vorgestellt hat, tun die Franzosen nämlich genau dies.

6 Personen

80 g Zucker
50 g Butter
1 Prise Salz
1 EL Olivenöl
8 schöne, mittelgroße Tomaten (halbiert, Kerne und Stielansätze entfernt)
25 g Grieß
1 Paket fertiger Blätterteig

Den Ofen auf 200 °C (Gas Stufe 6) vorheizen.

Den Zucker mit 2 EL Wasser in eine Auflaufform geben und ihn langsam erhitzen. Sobald sich der Zucker aufgelöst hat, aufkochen lassen und dann 5 Minuten ohne umzurühren kräftig kochen, bis er zu karamellisieren beginnt. Wenn er dies an den Rändern tut, die Form schwenken, damit der Zuckersirup gleichmäßig bräunt. Sobald das Ganze eine einheitliche, hellbraune Farbe hat, die Butter und das Salz hinzufügen und sanft unterrühren. Anschließend den Karamell vom Herd nehmen.

Das Olivenöl erhitzen, dann die Tomaten mit der Schnittfläche nach unten in den Topf legen und etwa 5 Minuten braten. Diese anschließend – wieder mit der Schnittfläche nach unten – gleichmäßig auf dem Karamell verteilen, den Grieß darüberstreuen, die Form mit dem ausgerollten Blätterteig zudecken und die Teigränder in die Form stecken, damit nichts übersteht. Dann das Ganze etwa 25 Minuten backen, bis es goldbraun ist.

Den Kuchen aus dem Ofen nehmen und 5 Minuten ruhen lassen. Dann die Tarte auf einen Vorlegeteller stürzen und den restlichen Karamell aus der Form kratzen. Dazu Crème fraîche servieren.

BANANEN-MANGO-TATIN

Die *Tarte Tatin* hat in den letzten Jahren in Frankreich eine Wiedergeburt erlebt. Besonders gut gefällt mir, dass man sie mit allen möglichen Früchten backen kann. Getrocknete Mango passt sehr gut zu Banane und sorgt für eine interessante Konsistenz, solange man die saftigen, vollreifen Scheiben verwendet (bitte keine ledrigen Stücke!). Eine frische, reife Mango, die nicht allzu saftig ist, kann man natürlich auch verwenden.

6–8 Personen

150 g Zucker
50g gesalzene Butter
3–4 Bananen (geschält)
6–8 Scheiben weiche, getrocknete Mango
1 Paket fertiger Blätterteig

Den Ofen auf 180 °C (Gas Stufe 4) vorheizen.

Den Zucker mit 2 EL Wasser in eine Auflaufform geben und langsam erhitzen. Sobald sich der Zucker aufgelöst hat, aufkochen lassen und 5 Minuten ohne umzurühren kräftig kochen, bis er zu karamellisieren beginnt. Sobald er dies an den Rändern tut, die Form schwenken, damit der Zuckersirup gleichmäßig bräunt. Wenn das Ganze eine einheitliche, hellbraune Farbe hat, die Butter hinzufügen und sanft unterrühren. Anschließend den Karamell vom Herd nehmen.

Die Bananen in 3 cm dicke Scheiben schneiden und auf dem Karamell verteilen. Dann die Mangoscheiben darüberlegen. Die Form mit dem ausgerollten Blätterteig zudecken und die Teigränder in die Form stecken, damit nichts übersteht. Dann die Tarte 25–30 Minuten backen, bis sie gleichmäßig goldbraun ist.

Den Kuchen aus dem Ofen nehmen und 5 Minuten ruhen lassen, anschließend auf eine Kuchenplatte stürzen. Am besten Schlagsahne dazu servieren.

ANHANG

Mengen und Abkürzungen

1 EL	1 Esslöffel
1 TL	1 Teelöffel
kg	Kilogramm
g	Gramm
l	Liter
ml	Milliliter

Ofentemperaturen

110 °C	Gas: Stufe	sehr niedrig
120 °C	Gas: Stufe	sehr niedrig
130 °C	Gas: Stufe 1	sehr niedrig
150 °C	Gas: Stufe 2	sehr niedrig
160 °C	Gas: Stufe 3	niedrig
180 °C	Gas: Stufe 4	mäßig
190 °C	Gas: Stufe 5	mäßig
200 °C	Gas: Stufe 6	hoch
220 °C	Gas: Stufe 7	hoch
230 °C	Gas: Stufe 8	sehr hoch
240 °C	Gas: Stufe 9	sehr hoch

Bei Umluftöfen müssen Sie die Temperatur um jeweils 10 °C reduzieren.

Produkte und Zutaten

Anchovis, filetierte, eingesalzene und fermentierte Sardelle

Beaufort, Rohmilch-Hartkäse aus der französischen Region Savoyen in den Alpen

Boudin blanc, französische Wurstspezialität aus hellem Fleisch und Fett, ähnlich einer Weißwurst

Boudin noir, französische Wurstspezialität in der Art einer Blutwurst oder Schwarzwurst

Bouquet garni, ein Sträußchen aus zusammengebundenen Kräutern, das zum Würzen in eine Suppe oder einen Eintopf gehängt wird, meist aus Petersilie, Thymian und Lorbeer

Brioche, traditionelles französisches Hefegebäck, das auch gern zum Frühstück genossen wird

Couscous, Grundnahrungsmittel der nordafrikanischen Küche aus gedämpftem Hartweizen-, Hirse- oder Gerstengrieß

Crème de Cassis, Likör aus schwarzen Johannisbeeren aus dem Burgund

Dijonsenf, scharfe Senfspezialität aus Dijon, entsteht aus den Kernen von geschälten Senfkörnern

Dunkles belgisches Bier, obergärige belgische Bierspezialität

Foie gras, französische Spezialiät aus der Stopfleber von Enten und Gänsen

Grand Marnier, französischer Triple-sec-Likör (40 vol. %) aus karibischen Bitterorangen

Gruyère, auch Greyerzer, ein aromatischer Schweizer Rohmilch-Hartkäse aus der Grafschaft Gruyère (Greyerz)

Harissapaste, scharfe Chili-Würzpaste aus der orientalischen Küche

Kurkuma, Gewürz aus dem getrockneten, gemahlenen Wurzelstock der südasiatischen Kurkumapflanze aus der Familie der Ingwergewächse

Maronipüree, gezuckertes Püree aus gekochten Esskastanien (Maronen)

Merguez-Würste, orientalische Lamm-Bratwürste nach der Art einer groben rohen Bratwurst

Piment d'Espelette, französischer Gourmet-Chili aus der Gegend um Espelette in den Pyrenäen

Poitrine fumée, geräucherter Bauchspeck vom Schwein

Safran, stark färbendes Gewürz aus den aromatischen Stempelfäden einer violetten Krokus-Art (Crocus sativus)

Shiitakepilze, in China und Japan heimischer Speisepilz, heute meist aus Zuchtbetrieben

Tequila, mexikanischer Mezcal-Brand aus dem Herzen der Blauen Agave

REGISTER